큰사랑목장 시리즈 0 – SBS(Seekers Bible Study)

예수님을 쉽게 알 수 있어요!

이 금환 지음

엘맨

목차

나는 내 아내를 대학교 4학년 때 만나 4년여의 교제시간을 거쳐 결혼했습니다. 나의 아내와 결혼한 후에 5년 만에 하나님께서 우리 부부에게 딸아이를 주셨습니다. 이 아이가 이 세상에 나오기 하루 전 나는 아내를 위해 미역국을 끓였습니다. 아내를 위한 것이기도 했지만 아이를 맞을 준비 중의 하나였습니다. 결혼하고 5년이나 시간이 흘렀기 때문에 적어도 마음으로는 아이를 맞을 준비를 많이 했다고 생각했습니다. 그런데 막상 아이를 만나고 보니 나는 아직 전혀 준비되지 않은 아빠라는 것을 알았습니다. 마음으로는 아이가 예쁜데 어떻게 다가가야 할지를 몰랐습니다. 안아주고 싶은데 잘 안아줄수도 없었습니다. 소통하고 싶은데 소통할 수 있는 방법이 없었습니다. 아이가 울어도 달랠 줄을 잘 몰랐습니다. 아이의 요구가 무엇인지 알아낼 길이 없었습니다. 그렇기 때문에 어떤 때는 아이가 우는 것을 보면서 이유 없이 운다고 생각했습니다. 너무 심하게 울면 화가 나기도 했습니다.

이와 거의 같은 마음을 전도하면서 느낍니다. 복음을 전하기 위해서 전도대상자를 찾아가 만나면 할 말이 별로 없어서 서먹해지기 일쑤입니다. 굳게 닫힌 마음은 성경을 얘기하기도 전에, 하나님의 사랑에 대해 들어보기도 전에 그리스도인하고 만나는 것 자체를 별로 달가워하지 않고, 경계하고, 비웃으며 차갑게 밀어내기도 합니다. 막상 그들과 대화할 기회가 생겨서 대화하려고 하면 큰 장벽이 가로 놓여 있음을 느끼게 됩니다.

그래도 대화하기 위해서는 다가가야하고, 말을 트고 이야기를 시작해야 된다는 것을 알기 때문에 이리저리 틈새를 찾아보게 됩니다. 그 틈새를 찾기 위해서 "그들이 궁금해 하는 것이 무엇일까?"를 생각해보게 되었습니다. 이 책은 바로 그런 의문들에 대답해 보려고 노력했던 글과 얘기들을 모은 것입니다.

그리고 아직은 마음을 연 것도 아니고, 아직은 예수님을 믿고 싶은 마음이 있는 것도 아니고, 아직은 자연인 그대로인 분들이 가지고 있을 법한 질문들도 함께 모아 간결하게나마 기독교적 답변을 시도했습니다. 아직은 성경공부를 할 마음은 없지만, 함께 정기적으로 만날 수 있는 분들에게 하나님을 만날 수 있도록 안내하는 대화의 장을 만들고 싶어서 쓴 것들입니다. 기도가 무엇인지, 성경공부가 무엇인지 개념적인 이해가 아니라 누구나 가질 수 있는 의문들에 대하여 하나하나 함께 의문을 제기해보는 그런 것들입니다. 그리고 그 의문들에 대하여 함께 성경적인 대답들을 찾아가는 짧막한 얘기들입니다.

이메일로 전해주기도 하고, 만나서 대화하듯이 함께 마음을 털어놓고 대화했던 것들입니다. 아직은 성경의 언어가 낯설고, 그리스도인의 언어로 소통하기 어려울 때 소통의 통로를 열어보려고 했습니다.

지은이 이금환

이 교재는 스스로 읽으면서 공부하거나 훈련받은 목자(혹은 순장, 가지장, 리더)와 함께 공부하면 더욱 좋습니다.

이런 사람을 위해서 이 교재를 썼습니다. 교회에 오랫동안 다녔지만 아직 중생하지 못한 사람(하나님의 자녀임을 확신하지 못하는 사람), 전도를 통해서 혹은 누군가의 권유를 받고, 또는 스스로 교회에 출석하기 시작한 사람, 기독교에 관심을 가지고 있는 사람, 그리스도인으로서 전도하기 위해 규칙적으로 만나면서 관계형성은 되어 있지만 어떻게 복음을 전해야 할지 몰라 막막한 사람, 이런 사람들을 위해서 썼습니다.

먼저, 교회에 오랫동안 다녔지만 아직 중생하지 못한 사람은 의외로 질문을 많이 가지고 있습니다. 복음의 핵심에 접근하지 못하는 아쉬움과 답답함을 가지고 있기도 합니다. 그들은 자기의 문제를 쉽게 드러내지 않습니다. 그들과 함께 토론하면서 복음에 직면하게 할 수 있습니다. 교재를 공부하면서 말씀을 통해 성령 안에서 거듭남을 경험하게 될 것입니다.

둘째, 전도나 누군가의 권유로 혹은 스스로 교회에 출석하기 시작한 사람은 교회 안에서 이방인처럼 느끼기 쉽습니다. 이미 관계형성이 충분히 되어 있는 성도들 사이에서 소외되기 쉽습니다. 그들에게 친절하게 안내해줄 안내자가 필요하고, 설교에서 성경을 강조하는데, "성경은 너무 방대하고 너무 어려워서, 성경은 어디서부터 읽어야할지, 누구로부터 도움을 받아야할지, 무작정 읽기만 하면 되는지?" 몰라 힘들어 하는 사람들이 많이 있습니다. 이런 문제를 안고 있는 사람에게 이 교재를 통해서 어느 정도 궁금증을 해결해주는 역할을 해주고, 건강한 그리스도인으로 자라갈 수 있도록 신앙적 기초를 제공할 수 있습니다.

셋째, 기독교에 관심을 가지고 있는 사람에게 이 교재는 기독교의 핵심이자, 복음의 핵심이 무엇인가를 제시하려고 했습니다. 성경, 선, 악, 죄, 죄사함, 구원, 거듭남, 중생, 침례(세례) 같은 가장 기본적인 용어들을 이해하고, 인격적으로 예수님을 영접하도록 돕고자 했습니다.

넷째, 그리스도인이 전도하면서 규칙적인 만남을 통해 관계형성은 되어 있지만 어떻게 복음을 전해야 할지 막막한 사람을 데리고 복음 속으로 함께 들어가는 입구가 되어줄 것입니다.

교재는 Ⅰ부와 Ⅱ부로 구성되어 있습니다. Ⅰ부와 Ⅱ부는 서로 관련성을 가지고 있습니다. 따라서 이 교재를 활용할 때 다음과 같이 사용하길 권합니다.

한 주에 Ⅰ부에서 한 과, Ⅱ부에서 한 과를 함께 공부하거나, 한 번 만날 때마다 Ⅰ부에서 한 과를 공부한 후에 Ⅱ부에서 한 과를 숙제로 내주어도 좋습니다. Ⅱ부는 실천적인 면에 좀 더 주안점을 두었으므로 복음에 대해서 처음 듣는 사람이라면 Ⅰ부를 1-12과까지 다 공부한 후에, Ⅱ부를 공부하는 것이 좋습니다. 필자가 여러 명의 구도자(Seeker)들과 함께 공부하면서 다양한 활용을 해보았습니다. 목자(혹은 순장, 가지장, 리더)가 교재의 전체를 이해하고 대상자에 맞게 적절하게 활용하시기 바랍니다.

아무쪼록 복음의 핵심에 접근하지 못하고 방황하거나, 거듭남의 확신이 없이 무의미하게 교회생활을 하는 분들에게 좋은 안내서가 되길 기도합니다.

I 부

제1과 도대체, 성경이 뭡니까?

인류 역사상 가장 많이 불렸고, 현재도 가장 많이 불리는 노래는 무엇일까요?

그것은 "Happy birthday to You."(생일축하합니다)라는 노래라고 합니다.

그럼 이 세상에서 가장 많이 사람들 손에 들려진 책은 무엇일까요?

바로 그 것은 성경책이라고 합니다.

1. 성경책이 왜 이렇게 많은 사람들의 손에 들려지게 되었을까요?

기독교인이 많아서 그럴 수도 있고, 그냥 성경을 한 권쯤 소장하고 싶어서 그럴 수도 있습니다. 그러나 성경은 많은 사람의 인생을 바꾼 책입니다. 성경에는 도덕적으로, 처세술이나 인간관계에 도움을 주는 좋은 말들도 많이 있습니다. 이를테면 "네 아버지와 어머니를 공경하라!" (에베소서 6장2절)같은 성경구절입니다. 그럼에도 불구하고 성경의 주제는 효나, 선이나, 사랑이 아닙니다. 물론 성경에도 금언적이고, 삶에 유익을 주는 내용도 많이 있습니다. 그러나 성경을 통해서 착하게 사는 법이나, 좀 더 괜찮게 사는 방법만을 찾았다면 성경의 껍데기를 본 것에 불과 합니다.

성경은 그것보다 훨씬 큰 것을 가르치는 책입니다. 바로 예수 그리스도를 보여주는 책입니다. 따라서 우리는 성경을 통해서 예수님을 발견하고 예수님을 만나야 합니다. 예수님을 만나면 인생관이 바뀌게 되고, 세계관이 바뀌게 됩니다. 성경은 삶의 틀을 바꾸어주는 책입니다. 예수님을 만나면 결국 효자도 되고, 착한 사람도 되고, 멋진 성품으로 점차 성장하게 됩니다.

성경은 이렇게 영향력이 있는 책이기 때문에 많은 사람들의 손에 들려지고, 읽혀지고 있습니다. 성경은 그것을 읽는 사람을 근본적으로 변화시키는 능력과 선한 영향력을 끼치는 책입니다.

2. 성경에는 어떤 내용이 있을까요?

성경은 하나님께서 우주만물을 창조하셨다는 말씀부터 시작합니다. "태초에 하나님이 천지를 창조하시니라." (창세기 1장1절) 하나님께서 우주만물을 창조하시고, 마지막으로 인간을 창조하셨습니다. 최초의 인간 아담은 하나님이 창조하신 피조물 중에 가장 최종적이며, 완전한 작품입니다. "하나님이 지으신 그 모든 것을 보시니 보시기에 심히 좋았더라." (창세기 1장31절) 인간은 하나님의 형상을 따라 창조되었으며, 선하게 창조되었습니다. 선하게 창조된 아담은 사탄의 꼬임에 빠져 불순종함으로써 죄를 짓게 되었습니다. 아담이 범죄함으로 죄인이 되었고, 그의 뒤를 이어 탄생하는 모든 인간들은 점점 더 죄악 가운데 빠졌으며, 더욱 더 악을 행했습니다. 성경에는 인간의 창조와 불순종으로 인한 범죄와 죄악 가운데 있는 인간들을 구원하기 위한 계획이 있습니다. 구약성경은 이스라엘이라는 한 백성을 택해서 하나님이 어떻게 그들을 안내하고, 이끌어 주시며, 모든 인류를 구원하시기 위한 계획을 이루어 가시는가를 구체적으로 기록하고 있습니다. 그러나 이스라엘은 물론 전 인류는 여전히 타락과 죄악의 길을 걷게 됩니다. 신약성경에는 타락과 죄악 가운데 있는 온 인류를 구원하시기 위해 예수님을 보내주셔서 인간의 죄를 대신해서 죽게 하심으로 인간의 죄 값을 지불해주셔서 구원하시는 하나님의 계획과 예수 그리스도를 통한 성취가 기록되어 있습니다. 그리고 장차 예수님께서 다시 오셔서 완전한 구원을 이루실 것을 기록하고 있습니다.

♣ 이해를 돕는 질문

1. 성경의 가장 핵심인물은 누구일까요?

2. 위의 글에 의하면 성경에는 어떤 내용이 들어있을까요?

3. 당신은 성경이 어떤 책이라고 생각합니까?

♣ 기도

　　주님,
　　저에게 성경이 하나님의 말씀이라는 믿음을 주옵소서. 하나님께서 성경
　　을 통해서 말씀하시고자 하시는 것을 정확하게 이해할 수 있도록 도와
　　주옵소서. 하나님의 말씀이 진리임을 알게 하옵소서. 이 말씀을 통해서
　　구원에 이르는 유일한 길이신 예수님을 만날 수 있게 하옵소서.
　　예수님의 이름으로 기도합니다. 아멘

♣ '스스로 해보기' 입니다.

　1. 오늘 공부한 제1과를 다시 한 번 꼼꼼히 읽어보세요.
　2. 요한복음 1장을 읽고 중요한 곳에 밑줄을 긋고, 질문이 있으면 메모해
오세요.

왜 나는 성경을 읽는가?

"너희가 성경에서 영생을 얻는 줄 생각하고 성경을 연구하거니와 이 성경이 곧 내게 대하여 증언하는 것이니라." (요 5:39)

성경을 읽고, 묵상하고, 공부하고, 연구하는 것이 나의 삶에서 가장 많은 부분을 차지한다. 그래도 성경이 고플 때가 많다. 성경을 읽으면 신나고, 뿌듯하다. 성경은 나를 찾게도 하고, 나를 잃게도 하고, 내가 얻고 싶은 것을 얻게도 하고, 내가 움켜쥐고 있는 것을 놓게도 한다. 성경이 이렇게 나의 삶에서 중요한 책으로 자리 잡기까지는 많은 시간이 필요했다. 나에게도 성경의 한 면이 붉은 색을 띠고 있다는 것이 부끄럽게 느껴졌던 때도 있었다. 성경을 읽으면 졸릴 때도 있었다. 신약성경부터 읽겠다고 마음먹고 마태복음을 펼쳐 읽다가 누구는 누구를 낳고, 낳고, 낳고……. '낳고의 한계'를 넘지 못하고 포기 했던 적이 한두 번이 아니다. 성경의 첫 번째 책부터 읽겠다고 마음 굳게 먹고 시작했다가 4장까지 나가다가 5장에 발목이 잡히기도 여러 번 경험했다. 정말 이렇게 오래 살았을까? 어떻게 가능했을까? 왜 지금은 그렇게 못살까?

그런 과정을 거쳐 이제는 성경이 재미있다. 성경이 맛있다. 성경을 읽으면 신난다. 성경을 공부하고나면 가슴이 뿌듯하다. 성경에는 무궁무진한 자원이 묻혀있다. 퍼내도, 퍼내도 쉴 새 없이 흘러나오는 근원 깊은 샘처럼 솟아나는 영적인 신비가 있고, 에너지가 있고, 삶을 비추는 빛이 있고, 신기한 강이 있고, 신기한 바위가 있고, 신기한 바람이 있고, 신기한 초장이 있다. 이제는 성경 속에서 놀고, 성경 위에서 놀고, 성경 아래서 놀고, 성경을 끌어안고 살고 싶다.

제2과 성경은 누가 쓴 책입니까?

성경을 하나님의 말씀으로 믿지 않는 사람들 중에는 "성경은 누군가 의도적으로 쓴 책"이라고 말하는 사람들이 많이 있습니다. 그리고 이렇게 말하기도 합니다.

"다 믿으라고 하는 말 아닙니까?"

"다 교회 나오게 하려고 하는 말이겠지요."

이렇게 말하는 사람들의 말속에는 "누군가가 기독교라는 종교를 만들기 위해서 썼다."라는 주장이 담겨있습니다.

당신은 성경을 누가 쓴 책이라고 생각합니까?

1. 성경은 아주 특별한 책입니다.

모든 책은 저자가 있기 마련입니다. 성경도 마찬가지입니다. 성경도 저자가 있습니다. 그리고 당연히 저자가 전하려는 내용이 있고, 그 내용을 고안하신 분이 계십니다. 그런데 그 저자를 사람이라고 단정 할 수 없는 신비로움이 있는 책입니다. 다음의 몇 가지 면에서 그렇습니다.

첫째, 성경에는 성경이 기록될 시점에서 보면 아주 먼 미래에 일어날 역사를 예언한 부분이 많이 있습니다. 이스라엘이라는 한 국가에 국한하지 않고, 많은 국가들이 그 예언들에 포함되어 있었습니다. 예를 들면 앗시리아, 바빌로니아, 알렉산더 대왕의 헬라 그리고 로마와 같은 나라들입니다. 성경에는 그 나라들의 흥망성쇠가 미리 예언되어 있었습니다. 그 예언들이 역사 속에서 그대로 성취되었습니다.

둘째, 예수님의 탄생과 죽음, 부활이 예언되어 있으며, 그대로 성취되었습니다. 예수님이 베들레헴에서 탄생할 것이며(미가 5장2절), 예수님이 탄생하시기 700여 년 전에 '처녀에게 잉태되어 탄생할 것'이 예언되었으며(이사야 7장14절), 그대로 성취되었습니다. 또한 우리 죄를 대신하여 고난을 받으시고 죽으실 것을 예언하고 있으며(이사야 53장3-6절), 예수님께서도 친히 죽음과 부활을 예언하셨습니다.(마가복음 8장31절, 요한복음 2장19절) 이 모든 것들이 예언대로 정확하게 성취되었습니다.

셋째, 성경을 믿는 사람들이 변화되었습니다. 성경을 통해서 예수님을 알게되고, 예수님을 나의 주, 나의 하나님으로 영접한 사람들에게 변화가 일어났습니다. 성경의 말씀을 그대로 믿고, 그 말씀에 순종한 사람들은 모두 좋은 방향으로 변화되고, 새로운 사람들이 되었습니다.(고린도후서 5장17절)

성경은 예수님을 믿는 사람은 새 사람이 되고, 창조주이신 하나님의 형상을 닮아 갈 것을 말씀하고 있습니다. "새 사람을 입었으니 이는 자기를 창조하신 이의 형상을 따라 지식에까지 새롭게 하심을 입은 자니라." (골로새서 3장10절) 예를 들면 알코올 중독에 빠져 있던 사람들이 술을 끊고, 놀음과 주색으로 삶을 낭비하던 사람들이 그 것들과 단절하게 되었으며, 폭력적이던 사람들이 폭력을 버렸습니다. 인생의 목적이 없던 사람들이 인생의 목적을 갖게 되었습니다. 국가적, 사회적으로도 더 좋은 국가, 더 좋은 사회로 변화되었습니다. 물론 인류역사상 완벽한 사회는 한 번도 이루어진 적이 없었습니다. 완벽한 사회는 성경의 예언대로 예수님이 다시 오실 때에야 비로소 성취될 것입니다.

2. 그럼 성경은 누가 썼을까요?

성경을 원래 쓴 저자는 하나님입니다. 이 세상에 있는 모든 책은 그 책의 저자를 그 책에서 찾을 수 있는 것처럼, 성경도 성경에서 그 저자를 찾을 수 있습니다. 성경은 성경이 하나님의 영인 성령의 감동으로 쓰였다고 기록하고 있습니다. 그래서 성경을 하나님의 말씀이라고 합니다. 성경에는 십계명처럼 하나님께서 직접 말씀하신 것을 기록하거나 하나님께서 직접 나타나셔서 보여주신 장면이나 사건을 기록한 부분도 많이 있습니다. 그러나 우리가 보고 있는 성경 가운데 많은 부분은 하나님이 직접 쓰셔서 내려주신 것은 아니고 성령의 영감을 받은 사람들을 통해서 성령께서 기록하게 하셨습니다. 성경 디모데후서 3장16절에는 "모든 성경은 하나님의 감동으로 된 것으로 교훈과 책망과 바르게 함과 의로 교육하기에 유익하니" 라고 기록하고 있습니다. 그리고 성경 베드로후서 1장20-21절 "성경에 있는 예언의 기록들은 예언자가 스스로 생각해 낸 것이 아닙니다. 그것은 그들 속에 계시는 성령께서 주신 하나님의 참된 말씀 입니다." (현대어성경)라고 기록되어 있습니다.

성경을 기록한 사람들은 이스라엘 민족을 애굽으로부터 인도하여 낸 모세로부터 시작해서 다양한 신분의 사람들입니다. 그들의 면면을 보면 한 나라의 통치자, 목동, 어부, 문학가, 의사 등등 다양한 배경, 다양한 신분과 다양한 직업을 가진 사람들이었습니다. 성경이 완성되기까지는 BC1500년경부터 AD 90년경까지 거의 1600년에 걸쳐 쓰였습니다. "10년이면 강산이 변한다." 고 하는데, 성경은 엄청난 세월에 걸쳐 쓰였습니다. 그리고 성경은 한권의 책처럼 보이지만 두꺼운 성경책 그 안에는 각각의 이름이 붙여진 66권의 책으로 구성되어 있습니다. 각각의 책들 가운데는 분량이 많은 책도 있고, 어떤 책은 한 쪽(페이지) 정도의 편지글로 된 책도 있습니다. 기록한 사람들의 다양한 신분의 차이, 기록한 시대의 엄청난 시간적인 갭, 사회, 문화, 언어적 괴리를 가지고 있기 때문에 어떤 통일성이나 일체감이 없을 것 같지만 성경은 신비롭게도 통일성과 초점이 분명한 책입니다. 성경책 속의 한권 한권은 모두 예수님을 향하고 있습니다. 따라서 성경책을 읽고 공부하면 예수님을 발견하게 되고, 예수님을 인격적으로 만날 수 있습니다.

♣ 이해를 돕는 질문

1. 성경을 신비로운 책이라고 할 수 있는 이유는 무엇입니까?

2. 성경은 성경이 어떻게 쓰였다고 말하고 있습니까?(디모데후서 3장16절)

3. 성경의 실질적인 저자는 누구일까요?

♣ 기도

　주님,

성경이 하나님의 말씀이고, 하나님을 나타내어 보여주시는 살아있는 말씀이라는 것을 깨닫게 해주옵소서. 성경을 통해서 하나님의 뜻을 알게 하옵소서. 성경은 인간의 아이디어나 인간의 계획에 의해서 만들어진 책이 아니라 하나님께서 당신의 사람들을 성령으로 감동시켜 하나님께서 의도하신 대로 기록한 책이라는 것을 알게 하옵소서. 제가 성경을 통해서 하나님의 사랑을 깨닫고, 제가 죄인이라는 것을 깨닫게 하옵소서. 그리고 저의 죄는 예수 그리스도의 보혈로만 씻을 수 있음을 고백합니다. 제가 죄인임을 고백하오니, 저의 죄를 씻어주옵소서.

예수님의 이름으로 기도합니다. 아멘

♣ 지난주 '스스로 해보기' 잘하셨나요?

　1. 제1과 읽기　(　　) 대박이다! ^_^

　　　　　　　　(　　) 헐~! 〉_〈

　　　　　　　　(　　) 뭥미! ㅠㅠ

2. 성경읽기 (   ) 대박이다! ^_^

            (   ) 헐~!)_〈

            (   ) 뭥미! ㅠㅠ

♣ '스스로 해보기' 입니다.

1. 오늘 공부한 제2과를 다시 한 번 꼼꼼히 읽어보세요.

2. 요한복음 2장을 읽고 중요한 곳에 밑줄을 긋고, 질문이 있으면 메모해
오세요.

신사적인 사람

"베뢰아에 있는 사람들은 데살로니가에 있는 사람들보다 더 너그러워서(신사적이어서) 간절한 마음으로 말씀을 받고 이것이 그러한가 하여 날마다 성경을 상고하므로"(행 17:11)

나 스스로를 돌아보면서 나의 성품 중에 이런 것들은 좀 빠졌으면 좋겠다고 생각하는 것들이 참 여러 가지가 있다.

"그래, 나는 너무 조급하고 성급하게 결정할 때가 많아!"

"참, 내가 좀 더 깊이 생각했어야 되는데!"

"휴~, 나의 마음이 더 넓었으면 좋으련만!"

또 나의 내면세계는 어떤가? 정말 나의 생각의 방에는 별의 별 것들이 다 있다. 꿈과 비전과 희망에서 절망까지, 쓸만한 생각들에서 근거도 출처도 불분명한 잡동사니 생각까지, 잔잔한 평화에서부터 불쑥불쑥 쳐들어오는 불안까지 두루두루 나의 마음의 방에 다 있다. 비우고, 비우고 또 비워본다. 그 비운 곳에 하나님의 말씀을 따라 새로운 것으로 채우고 싶다. 그리고 지금도 여전히 내가 되고 싶은 사람을 그려본다. 그 사람은 마음이 진정으로 너그러운 신사다. 내가 부지런히 무엇을 할 때나, 모든 것을 멈추고 쉴 때나 나의 생각, 나의 언어, 나의 행동, 나의 표정에 이르기까지 진정한 신사를 꿈꾼다. 그 신사됨을 이렇게 기도한다.

주님,

친절하되 간사하지 않고

정의를 저버리지 않으면서도 부드럽고

겸손하면서도 비굴하지 않고

품위를 지키면서도 거만하지 않고

신중하면서도 뒤로 숨지 않고

꿈을 꾸면서도 무모하지 않고

꿈이 더디게 이루어져도 좌절하지 않게 하소서!
나의 노력으로, 나의 몸부림으로가 아닌
성경을 깊이 상고함으로 이루게 하소서!

제3과 왜 교인들은 누구에게나 교회 가자고 하나요?

당신도 한 번쯤은 교회에 다니는 사람으로부터 "교회에 나와 보세요." 혹은 "저와 같이 교회에 나가실래요?"라는 말을 들어보신 적이 있을 것입니다.

또 당신은 교회에 다니는 사람들로부터 "가까운 교회에 한 번 나가보세요."라는 권유를 받아 보신 경험이 있을 수도 있습니다.

어쩌면 당신은 "예수님 믿으세요!"라고 하면서 더 적극적이고 구체적으로 기독교에 대한 권유를 받아 보았을지도 모릅니다. 당신은 성경에 대해 얘기해주는 그리스도인을 만나 본 경험이 있을 수도 있습니다.

그때 당신은 어떤 생각을 하셨나요?

혹시 이런 생각을 하시지는 않으셨나요?

"스스로 결정하게 놔두지 않고, 왜 다른 사람의 삶에 참견이야?"

"그래, 교인 하나 더 만들려고 그러겠지!"

"아마도 헌금을 더 많이 걷어야 되니까 그럴 거야!"

"아무래도 교회에 사람이 많아야하지 않겠어!"

"교회도 사람이 많아야 힘을 쓸 거 아냐?"

"그래, 복 받으라고 그러겠지. 직장에서 인정받고, 가족들이 잘되고, 돈 잘 벌어 잘 살라고 그러는 것이 아닐까?"

아마도 이와 유사한 생각을 하셨으리라 생각합니다.

그러나 대부분의 그리스도인들은 위와 같은 이유로 교회에 나오라고 권유하지 않습니다. 더욱이 성경적이고 건강한 교회에서 신앙생활을 하는 교인이라면 이런 순수하지 못한 목적을 가지고 교회에 같이 나가자고 하지 않을 것입니다. 교인들이 교회에 같이 가자고 하는 이유는 이런 이기적인 이유나 집단이익을 위해서 그렇게 진지하게 자신의 시간을 들이고, 때론 경제적인 손실을 감수하면서까지 그렇게 권하지는 않을 것입니다. 진짜 이유가 있습니다.

첫 번째 이유는 교회에 다니는 신자들이 믿지 않는 사람들을 사랑하기 때문입니다. 하나님은 신자들에게 모든 사람을 사랑하라고 명령하셨습니다. "네 이웃을 네 몸 같이 사랑하라." (마태복음 22장39절) 따라서 신자들은 성경으로부터 믿지 않는 사람들을 포함해서 "모든 사람을 사랑하라" 는 명령을 받은 사람들입니다. 바로 신자들은 이 사랑의 명령에 순종하여 마음 깊은 곳에서부터 당신을 사랑하기 때문에 교회에 가자고 권합니다. 그 사랑을 표현하는 방법은 여러 가지가 있을 수 있지만, 성경의 세계관이나 주제를 생각할 때 교인들은 전도가 사랑을 실천하는 가장 근본적이고, 좋은 방법이라는 것을 잘 알고 있습니다.

두 번째 이유는 사람은 누구나 예수 그리스도 안에서만 삶의 목적을 발견할 수 있으며, 예수 그리스도 안에 있을 때만이 진정한 평안을 경험할 수 있습니다. "평안을 너희에게 끼치노니 곧 나의 평안을 너희에게 주노라 내가 너희에게 주는 것은 세상이 주는 것과 같지 아니하니라 너희는 마음에 근심하지도 말고 두려워하지도 말라." (요한복음 14장27절) 설령 현재 믿지 않는 사람이라도 이 사실을 안다면 예수님을 믿고 싶어질 것입니다.

세 번째 이유는 하나님께서 모든 인류를 사랑하시고, 좋은 계획을 가지고 계시다고 할지라도 전해주는 사람이 없다면, 그 소식을 들을 수 없습니다. "그런즉 그들이 믿지 아니하는 이를 어찌 부르리요 듣지도 못한 이를 어찌 믿으리요 전파하는 자가 없이 어찌 들으리요. 보내심을 받지 아니하였으면 어찌 전파하리요 기록된 바 아름답도다 좋은 소식을 전하는 자들의 발이여 함과 같으니라." (로마서 10장14-15절) 그렇습니다. 전하는 사람이 없으면 들을 수 없고, 듣지 못하면 믿을 수 없습니다. 믿음은 들음에서 출발합니다.

네 번째 이유는 대부분의 사람들은 예수님이 누구신지 잘 모르고, 또한 예수님을 믿고 싶어도 어떻게 믿는지 잘 모르고 있습니다. 교회에 가자고 권하며 전도하는 것은 예수님을 알려드리고, 예수님을 믿는 길을 알려드리기 위함입니다. 만약 예수님이 누구인지를 잘 알고, 예수님을 어떻게 믿을 수 있는가를 안다면 믿지 않는 사람들 중에 많은 사람들이 예수님을 믿게 될 것입니다.

다섯 번째 이유, 전도는 예수님이 이 땅에 오신 목적이며, 하나님의 명령입니다. 예수님께서 이렇게 말씀하셨습니다. "이르시되 우리가 다른 가까운 마을들로 가자 거기서도 전도하리니 내가 이를 위하여 왔노라." (마태복음 1장38절) 또한 "또 이르시되 너희는 온 천하에 다니며 만민에게 복음을 전파하라." (마가복음 16장15절) 뿐만 아니라 성경은 모든 그리스도인에게 시간과 장소에 관계없이 복음을 전파하라고 명령하고 있습니다. "너는 말씀을 전파하라 때를 얻든지 못 얻든지 항상 힘쓰라 범사에 오래 참음과 가르침으로 경책하며 경계하며 권하라." (디모데후서 4장2절)

이 모든 것을 알고 난 후에도 여전히 당신의 마음에 이런 의문이 있을 수 있습니다.

"도대체 전도가 무엇이기에 전도가 사랑의 표현이며, 그렇게 사랑을 실천하는 좋은 방법입니까?"

"정말 제가 예수님을 믿을 수 있습니까?"

"만일 내가 그리스도인들이 전도하는 것을 받아들인다면 저의 삶이 달라질 수 있습니까?"

"정말 예수님을 믿으면 참 평안을 누릴 수 있습니까?"

네에, 그렇습니다.

위에서 말한 것처럼 전도는 사랑의 표현이자, 실천입니다. 그리고 전도는 당신을 예수님께로 안내하는 방법입니다. 당신이 그리스도인들을 통해 하나님의 말씀을 들을 때 당신 자신에게도 하나님의 사랑이 필요하다는 것을 알게 되고, 하나님의 사랑을 경험하기 위해서는 예수님이 필요하다는 것을 알게 될 것입니다. 당신은 예수님을 영접할 때 하나님의 사랑을 경험할 수 있습니다. 예수님을 영접한다는 것은 예수님을 당신의 삶의 중심에 모시는 것입니다. 예수님을 믿는다는 것은 넓은 의미에서 성경을 믿는다는 것이고, 성경을 믿을 때 당신의 삶에 변화가 일어나기 시작할 것입니다. 그 변화의 시작은 예수님으로 인해 죄용서를 받고, 하나님의 자녀로 거듭남(중생)으로부터 시작됩니다.

하나님은 한 사람 한 사람을 사랑하실 뿐만 아니라 각 사람이 정말 풍성하고 신나는 삶을 살기를 진심으로 원하십니다. 그런데 대부분의 사람들은 하나님께서 이런 놀라운 계획을 가지고 계시다는 것조차 모를 뿐만 아니라, 그 사랑을 알고 싶어 하지도 않습니다. 당신은 오직 성경을 통해서만 하나님이 당신을 사랑하신다는 사실을 깨닫게 됩니다.

교회는 전도라는 방법을 통해 당신이 하나님을 만날 수 있도록 안내합니다. <u>"하나님의 지혜에 있어서는 이 세상이 자기 지혜로 하나님을 알지 못하므로 하나님께서 전도의 미련한 것으로 믿는 자들을 구원하시기를 기뻐하셨도다."</u> (고린도전서 1장21절) 전도는 당신과 성경이 만날 수 있는 첫 대면의 장을 열어줍니다. 성경은 당신에게 하나님의 사랑과 계획에 대해서 알려드립니다. 교회는 성경을 전해주고, 가르쳐서 당신이 하나님의 사랑을 깨달을 수 있도록 도움을 줄 준비를 하고 있습니다. 또한 교회는 성경적 삶을 함께 나누는 공동체입니다. 교회는 당신에게 성경적인 삶이 무엇인지를 보여줄 수 있는 유일한 모임입니다. 또한 교회는 사람이 살아가면서 누구나 만날 수 있는 어려움과 많은 장애물들을 극복할 수 있는 성경적 대안을 제시하고, 함께 극복하도록 돕는 공동체입니다.

하나님의 사랑과 계획에 대해서 궁금하지 않으세요?

만약 궁금하시다면 하나님의 사랑과 계획을 경험할 수 있도록 안내하시는 예수님을 만나야 됩니다. 예수님을 만나기 위해서 교회나 먼저 믿은 신실한 그리스도인으로부터 도움을 받을 수 있습니다. 당신은 이 교재를 공부하면서 예수님을 조금씩 알아가게 될 것이며, 예수님을 통해 점차 하나님의 사랑과 계획을 발견하게 될 것입니다.

♣ 이해를 돕는 질문

1. 지금까지 누군가 당신에게 함께 교회가자고 하는 말을 들었을 때 당신은 어떤 느낌을 받았습니까?

2. 사람들이 왜 당신에게 교회에 가자고 하는지 그이유 5가지를 써보세요.

3. 사람들이 함께 가자고 하는 "교회"가 뭐라고 생각하십니까?

4. 당신이 교회에 바라는 것이 있다면 무엇입니까?

♣ 기도

　　주님,
　　저에게 교회에 같이 가자고 했던 사람에게 무조건 거부하고, 그의 어떤 말을 들으려고 하지 않았던 저의 교만하고, 오만한 마음을 용서해주옵소서. 제가 교회를 잘 이해할 수 있도록 도와주옵소서. 교인들이 전도를 통해서 하나님의 말씀을 증거 하는 것이 그들이 저에게 보여줄 수 있는 가장 고귀한 사랑의 표현이라는 것을 깨닫게 해주옵소서. 제가 성경을 통해 예수님을 알고, 예수님을 영접하여 거듭남을 통해 하나님의 사랑과 계획이 무엇인지 깨달을 수 있도록 성령님께서 빛을 비추어주옵소서.

예수님의 이름으로 기도합니다. 아멘

♣ 지난주 '스스로 해보기' 잘하셨나요?

1. 제2과 읽기 (　　) 대박이다! ^_^

　　　　　　 (　　) 헐~! 〉_〈

　　　　　　 (　　) 뭥미! ㅠㅠ

2. 성경읽기 (　　) 대박이다! ^_^

　　　　　 (　　) 헐~! 〉_〈

　　　　　 (　　) 뭥미! ㅠㅠ

♣ '스스로 해보기' 입니다.

1. 오늘 공부한 제3과를 다시 한 번 꼼꼼히 읽어보세요.

2. 요한복음 3장을 읽고 중요한 곳에 밑줄을 긋고, 질문이 있으면 메모해 오세요.

그는 데리고 왔다.

"그가 먼저 자기의 형제 시몬을 찾아 말하되 우리가 메시야를 만났다 하고 데리고 예수께로 오니 예수께서 보시고 이르시되 네가 요한의 아들 시몬이니 장차 게바라 하리라 하시니라.(요 1:41-42)

언제 어디서든지 아직 예수님을 모르는 사람을 만나면 나는 그 사람을 예수님께 끌고 가고 싶은 충동을 느낀다. 그래도 꾹 참는다. 끌고 가고 싶을 만큼 간절히 데려가고 싶은 마음을 그가 이해할리 만무하기 때문이다. 나의 그런 마음을 이해주신 분이 한 분 계셨다. 지금은 주님의 품에 안기신 나의 어머니다. 30여년 전 나의 어머니를 교회로 모시고 가던 첫날 나는 어머니의 손을 잡아끌다시피 해서 함께 교회에 나갈 수 있었다. 그 날 다행히도 어머니는 끌려가주셨다. 천하에 불효자식, 망나니나 할 짓을 나는 기꺼이 했다. 지금 생각해도 그렇게 한 것이 어머니가 살아계시는 동안 내가 할 수 있었던 몇 번 안 되는 효도 중의 하나였다고 생각한다. 두고두고 생각해도 그 때 참 잘했다는 생각이 든다.

나는 지금도 여전히 예수님을 모르는 사람들을 찾아다닌다. 하나님께로 나아가는 길이신 예수님께로 안내하기 위해 수많은 사람들을 만난다. 그 때마다 내 속에서는 그들을 끌고라도 가고 싶은 마음이 일어나곤 한다. 그러나 그들은 나의 간절한 마음을 전혀 가늠하지 못할뿐더러 눈치도 못 채는 듯하다. 나도 안드레처럼 그들을 예수님께로 데려가고 싶다. 그것이 내가 주님으로부터 받은 사랑을 다시 나눌 수 있는 최선의 길이기 때문이다. 그들은 아직 그 길의 가치를 모르고 있을 뿐이다. 나는 그 길이 가장 좋은 길이라는 것을 확실히 믿고 있으며, 나는 그 길을 안내해야 하는 안내자의 의무와 책임을 느낀다. 안내자로서 나는 겸손하고, 친절하고, 다정하고, 사랑스런 눈빛과 끊임없는 관심을 보내려고 한다. 정말, 억지로라도 끌고 오고 싶은 마음이 끊임없이 일어나기 때문이다. 그래도 그들이 인격적인 선택을 할 때까지 기다린다.

제4과 하나님이 존재한다는 것을 어떻게 알 수 있습니까?

수천 년의 역사를 지내오는 동안, 그리고 오늘에 이르기까지 인간들은 하나님의 존재에 대한 믿음과 부정 사이에서 논쟁과 대립이 계속되어 왔습니다. "하나님은 있다" 는 유신론과 "하나님은 없다" 는 무신론의 논쟁이 그 대표적인 예입니다.

"하나님은 과연 계신가?"

하나님의 존재를 부정하는 사람들은 하나님의 존재를 증명해내거나 과학적인 근거를 대라고 말합니다.

"하나님이 계신다면 증명해보라!"

그러나 중요한 것은 하나님은 과학 뿐만 아니라 인류가 동원할 수 있는 어떤 방법으로도 증명해 낼 수 있는 분이 아니며, 논리적으로 설명할 수 있는 분도 아닙니다. 그들의 요구는 마치 기억상실증에 걸린 자녀가 "엄마, 아빠가 나의 부모인 증거를 대봐! 우리가 같이 사는 것, 나를 사랑하는 것, 엄마라고 부르고, 아빠라고 부르는 것, 가족관계 증명서에 같이 있는 것, 그런 것 말고 아무튼 뭔가 증거를 대봐!" 라고 말하는 것과 같습니다.

하나님은 이 세상에 있는 과학을 포함한 모든 지식보다도 크신 분입니다. 이 세상에 있는 모든 책을 다 아우르는 지식이 있다고 하더라도 그 지식을 뛰어넘는 분입니다. 따라서 인간의 학문이나 연구방법으로 하나님의 존재를 증명할 수도 없으며 증명하려는 시도 자체가 어리석은 도전에 불과합니다.

하나님은 우주 만물을 창조하신 분입니다. "태초에 하나님이 천지를 창조하시니라." (창세기 1장1절) 창조하신 분, 바로 하나님 외에 어떤 피조물도 창조주 하나님을 완전히 알 수 없습니다. 피조물인 인간은 하나님을 완전히 알 수 없으며, 하나님의 창조물의 일부분에 불과한 인간은 눈앞에 보이는 현상만을 알고, 이해하는데도 한계가 있습니다. 지식의 한계, 지혜의 한계를 가진 인간은 하나님의 존재여부를 논할 만한 능력이 없습니다. 다만 하나님이 스스로를 나타내 보여주시는 것을 통해서만 하나님을 알 수 있습니다. 하나님은 이렇게 말씀하셨습니다. "하나님이 모세에게 이르시되 나는 스스로 있는 자이니라." (출애굽기 3장14절)

인간은 엄청난 지식을 가지고 있다고 생각하고 있습니다. 그러나 소크라테스는 엄청난 지적 역량을 가지고 있다고 생각하는 사람들을 향하여 "너 자신을 알라!" 고 말했습니다. 소크라테스의 말은 "너 자신이 아무것도 모른다는 것을 알라!" 는 것입니다.

결국 우리는 하나님을 아는 것이 지식의 근본이며, 하나님을 아는 것이 가장 고상한 지식이라는 것을 인정할 수밖에 없습니다.
"여호와를 경외하는 것이 지식의 근본이거늘 미련한 자는 지혜와 훈계를 멸시하느니라." (잠언 1장7절)
"내 주 그리스도 예수를 아는 지식이 가장 고상하기 때문이라." (빌립보서3장8절)

하나님은 인간에게 자신을 나타내주시기 위해서 예수님을 보내주셨습니다. "본래 하나님을 본 사람이 없으되 아버지 품속에 있는 독생하신 하나님이 나타내셨느니라." (요한복음 1장18절) 예수님을 통해서 하나님을 나타내 보여주셨으며, 또한 성경을 통해서 하나님이 어떤 분인지 알 수 있습니다. 하나님께서 인간에게 말씀하셨고 하나님께서 인간에게 찾아오셨습니다. 그리고 하나님은 우리에게 하나님을 찾으라고 말씀하셨습니다. "너희는 여호와를 찾으라 그리하면 살리라." (아모스 5장6절) 인간이 스스로의 능력으로 하나님을 찾아내는 것이 아니라, 하나님께서 인간에게 하나님을 찾을 수 있는 길을 보여주셨습니다. 바로 성경을 통해서 하나님을 나타내셨으며, 예수님을 보내서서 하나님을 보여주셨습니다. 예수님은 하나님의 본체로 하나님을 우리에게 나타내주신 분입니다. "그는 근본 하나님의 본체시나 하나님과 동등됨을 취할 것으로 여기지 아니하시고" (빌립보서 2장6절)라고 성경은 말씀하고 있습니다.

하나님께서는 또한 인간에게 하나님의 영 즉, 성령을 보내서서 예수님을 주님으로 고백하게 하십니다.

"성령으로 아니하고는 누구든지 예수를 주시라 할 수 없느니라." (고린도전서 12장3절)

"성령이 친히 우리의 영과 더불어 우리가 하나님의 자녀인 것을 증언하시나니" (로마서 8장16절)

하나님이 우리에게 성령을 보내주셔서 하나님을 알게 하시고, 우리에게 지혜와 총명과 지식을 주십니다.

"하나님의 영을 그에게 충만하게 하여 지혜와 총명과 지식으로 여러 가지 일을 하게 하시되" (출애굽기 35장31절)

"대저 여호와는 지혜를 주시며 지식과 명철을 그 입에서 내심이며" (잠언 2장6절)

하나님의 존재에 대한 질문과 이 질문에 대해 하나님의 존재를 증명하려는 신학적인 노력도 오랫동안 계속 되어 왔습니다.

첫째는, 존재론적 증명이라고 불리는 것으로 "하나님은 세계에 대한 우리의 경험에 앞서 존재한다." 는 것입니다. 즉 하나님은 존재할 수밖에 없다는 것입니다.

둘째는, 우주적이고 목적론적인 증명으로 하나님의 존재는 인간의 감각의 경험에 의해 제공된 증거를 통해서 알 수 있다는 것입니다. 즉 인간의 경험적인 관찰에 의해서 세계의 배후에는 하나님이 계시다는 것을 발견할 수 있다는 것입니다.

셋째는, 도덕적 증명으로 도덕적 존재인 인간의 경험을 통해서 볼 때, 우주 속에서 미덕의 행위는 보상되어야 하고 악행은 처벌받아야 한다는 것입니다. 이는 도덕적 결과를 보장해 주는 최고의 능력자인 하나님을 요구한다는 것입니다.

한편 로마서 1장18-20절에 보면 "하나님의 진노가 불의로 진리를 막는 사람들의 모든 경건하지 않음과 불의에 대하여 하늘로부터 나타나나니 이는 하나님을 알 만한 것이 그들 속에 보임이라 하나님께서 이를 그들에게 보이셨느니라. 창세로부터 그의 보이지 아니하는 것들 곧 그의 영원하신 능력과 신성이 그가 만드신 만물에 분명히 보여 알려졌나니 그러므로 그들이 핑계하지 못할지니라." 하나님은 보이지 않지만, 창조하신 만물들을 통해 하나님의 능력과 신성이 분명히 보이고, 알려 지기 때문에 하나님의 진노가 모든 경건하지 않은 사람들과 불의를 행하는 사람들에게 임할지라도 핑계할 수 없다는 것입니다. 이 말씀을 다른 말로 하면 사람들이 하나님을 믿지 못하는 것은 경건하지 않고, 불의하기 때문이지 하나님의 존재하심이 보이지 않기 때문에 믿지 못하는 것이 아니라는 것입니다.

♣ 이해를 돕는 질문

1. 당신은 인간의 지식으로 하나님의 존재여부를 증명하려고 하는 사람들에 대해서 어떻게 생각하십니까?

2. 당신은 "하나님이 계신다."는 성경의 선언에 대해서 어떤 입장을 가지고 있습니까?

3. 하나님은 성경을 통해서 스스로를 나타내시고 있습니다. 당신은 성경에서 하나님을 발견하고 있습니까?

4. 성경은 성령의 감동으로 쓰였습니다. 당신이 성경을 보다 잘 이해하기 위해서는 어떻게 해야 할까요?

♣ 기도

　주님,

　저의 지식과 저의 경험과 저의 이성으로 하나님이 계시는가를 규명하려는 어리석음에도 빠지지 않게 하시며, 하나님을 판단하려는 어리석음에도 빠지지 않게 하소서. 오직 성경을 통해서 하나님을 알아가게 하시고, 진리의 성령께서 밝은 빛을 비추어주셔서 예수 그리스도를 통해서 하나님께 나아갈 수 있도록 도와주옵소서. 성령님으로 저의 생각을 채워주셔서 하나님께서 창조주 되심과 하나님께서 만물의 주되심을 깨닫게 하소서. 또한 하나님의 사랑과 계획을 깨닫게 해주옵소서.

　예수님의 이름으로 기도합니다. 아멘

♣ 지난주 '스스로 해보기' 잘하셨나요?

　1. 제3과 읽기 (　　) 대박이다! ^_^

　　　　　　　(　　) 헐~! 〉_〈

　　　　　　　(　　) 뭥미! ㅠㅠ

2. 성경읽기 (   ) 대박이다! ^_^

(   ) 헐~! 〉_〈

(   ) 뭥미! ㅠㅠ

♣ '스스로 해보기' 입니다.

1. 오늘 공부한 제4과를 다시 한 번 꼼꼼히 읽어보세요.

2. 요한복음 4장을 읽고 중요한 곳에 밑줄을 긋고, 질문이 있으면 메모해 오세요.

하나님, 당신은 누구시죠?

"하나님이 모세에게 이르시되 나는 스스로 있는 자이니라." (출 3:14)

나의 마음에 이런 의문이 생길 때가 있다.

"하나님은 어떻게 생기셨을까?"

성경은 하나님을 본 사람은 한 명도 없다고 말씀하시고, 하나님은 형체도 없으시고, 회전하는 그림자도 없으시다고 말씀하신다.

사람들이 이렇게 물어올 때도 있다.

"하나님이 어디계시냐?"

그의 질문의 의도는 "하나님을 한 번 보여줘봐요!"라고 말하는 것이다. 나는 그 때 바보처럼 할 말이 없어 멍해지기도 한다. 그러나 중요한 사실은 말문이 막힐 때조차도 하나님은 우리를 눈동자처럼 지키시고, 선과 악을 놓치지 않고 감찰하시고, 당신의 자녀들과 당신을 찾는 자들에게 멈추지 않으시고 함께 하시는 분이다.

요한처럼 말씀을 통해 하나님의 실체를 귀로 듣고, 눈으로 보고, 손으로 만지고 싶을 때가 있다. 요한이 고백한 말씀이신 하나님, 육체를 입고 이 땅에 오신 예수님을 요한의 생생한 경험보다 옅고, 얕지만 그래도 나에게까지 분명한 믿음을 주신 하나님께 감사한다. "너희가 온 마음으로 나를 구하면 나를 찾을 것이요 나를 만나리라."(렘 29:13)는 이 말씀이 진짜 살아 있는 말씀임을 믿는다.

바로 그 살아계신 하나님은 이 우주상에 존재하는 인류와 모든 만물을 존재케 하신 분이다.

"그 하나님은 어떻게 존재하시는가?" 이 질문에 대한 대답은 이 세상 어디에서도 찾을 수 없다. 그 대답은 오직 성경에서만 찾을 수 있다. 성경은 명료하게 하나님은 스스로 계시는 분이라고 말씀하신다. 하나님은 존재하도록 만드시는 분이시다. 절대로 누구에 의해서 존재를 부여받은 분이 아니시다. 이 세상의 누구도 만나를 만들거나 물고기 두 마리와 보리떡 다섯 개로 오천 명을 먹이고도 남을 양식을 만들어낸 사람은 없다. 창조의 근원이시고, 창조주이신 하나님 빼고는 없다.

제5과 왜 이 세상에는 선과 악이 동시에 존재할까요?

"선하시고, 사랑이신 하나님이 왜 악을 허용하시는가?" 라는 질문은 역사의 시작과 함께 내려오는 질문이라고 해도 과언이 아닙니다. 이런 질문도 가능합니다. "이 세상에 악이 존재한다는 것은 하나님이 악을 허락하셨다는 것이고, 악을 허락하신 하나님이라면 어떻게 선한 하나님이라고 할 수 있습니까?" 그렇습니다. 하나님께서 악이 존재하도록 허용하셨다면 "하나님은 선하시다." 는 말에 의문을 제기하지 않을 수 없습니다. "만일 하나님께서 악이 존재한다는 것을 모르신다면 하나님은 전지하시지 못한 증거이고, 하나님께서 악이 존재한다는 것을 알면서도 악을 제거하실 의지가 없으시다면 하나님은 선하신 하나님이 아니시며, 하나님이 악을 제거하실 의지가 있지만 악을 제거하실 능력이 없으시다면 하나님은 전능하신 분이 아니다." 라고 말할 수도 있습니다.

그러나 하나님은 선하시기 때문에, 하나님은 악이 없는 선한 세상을 창조하셨습니다.

"여호와는 선하시니 그의 인자하심이 영원하고 그의 성실하심이 내대에 이르리로다." (시편 100편5절)

그리고 선하신 하나님이 모든 것을 창조하신 그 창조물을 보시고 이렇게 말씀하셨습니다.

"하나님이 지으신 그 모든 것을 보시니 보시기에 심히 좋았더라." (창세기 1장31절)

그리고 하나님이 모든 피조물을 창조하신 목적은 복주시기 위해 창조하셨습니다. 그것은 가장 좋게 창조하셨을 뿐만 아니라 조화롭고 행복하게 하시기 위해 창조하신 것입니다.

"하나님이 그들에게 복을 베푸셨다." (창세기 1장28절, 표준새번역)

하나님은 인간이 선과 악을 선택할 수 있는 선택권까지 주셨습니다.

"선악을 알게 하는 나무의 열매는 먹지 말라 네가 먹는 날에는 반드시 죽으리라 하시니라." (창세기 2장17절) 인간은 창조주에 의해서 일방적으로 조종되는 존재가 아니라 스스로 선택하고, 결정할 수 있는 존재로 만드셨습니다. 그런데 인간은 사탄의 꼬임이 빠져 하나님이 금지한 선악을 알게 하는 나무의 열매를 먹는 악을 선택했습니다.

"여자가 그 나무를 본즉 먹음직도 하고 보암직도 하고 지혜롭게 할 만큼 탐스럽기도 한 나무인지라 여자가 그 열매를 따먹고 자기와 함께 있는 남편에게도 주매 그도 먹은지라." (창세기 3장6절) 그 결과 인간은 죄를 짓고 하나님을 떠나게 되었습니다.

"모든 사람이 죄를 범하였으매 하나님의 영광에 이르지 못하더니" (로마서 3장 23절)

"우리는 다 양 같아서 그릇 행하여 각기 제 길로 갔거늘......." (이사야 53장6절)

죄를 지은 인간은 결국 죄의 대가를 받아야 합니다.

"죄의 삯은 사망이요" (로마서 6장23절)

"한번 죽는 것은 사람에게 정해진 것이요 그 후에는 심판이 있으리니" (히브리서 9장27절)

하나님은 의로우시기 때문에 죄를 언제까지 방치하시지는 않습니다. 하나님은 분명히 죄에 대해서 심판하시겠다고 말씀하셨습니다. 그리고 성경에는 최종적인 심판을 하시지는 않았지만 홍수심판, 소돔과 고모라의 심판과 같은 심판들이 있었습니다. 그러나 죄에 대한 최종적인 심판은 유보하시고 예수님을 보내주셔서 죄로부터 돌아서서 용서 받을 수 있는 길을 열어주셨습니다.

"예수께서 이르시되 내가 곧 길이요 진리요 생명이니 나로 말미암지 않고는 아버지께로 올 자가 없느니라." (요한복음 14장6절)

그렇지만 성경에는 악에 대해서는 반드시 심판하시겠다고 하셨습니다.

"그들은 영벌에, 의인들은 영생에 들어가리라 하시니라." (마태복음 25장46절)

하나님은 악이나 죄에 대하여 모른 척 하시거나 제거할 의지가 없으시거나, 제거하실 능력이 없는 분이 아닙니다. 회개할 기회를 주며 기다리고 있는 것입니다.

♣ 이해를 돕는 질문

1. 하나님이 천지를 창조하셨을 때, 즉 죄를 짓기 전의 모든 피조물은 어떤 상태였을까요?(창세기1장31절)

2. 인간은 어떻게 하나님의 명령을 어기고 범죄하게 되었습니까?(창세기3장6절)

3. 결국 죄를 지은 인간은 어떻게 되었습니까?(로마서6장23절, 히브리서9장27절)

♣ 기도

주님,

하나님은 선하시고, 사랑이신데, 이 세상에는 악과 선이 공존하는 것을 보고, 하나님의 선하심과 사랑을 부정하고, 의심했었습니다. 그러나 이제 이 세상에 존재하는 악이 하나님이 만드신 것이 아니고, 사탄의 작품이고 인간의 욕심과 불순종으로 악한 세력에 의해 들어온 것임을 일었습니다. 이 악이 저에게도 영향을 끼쳐서 저도 죄인임을 고백합니다. 죄로 인해 죽을 수밖에 없는 저에게 길이 되시고, 진리가 되시며, 생명이신 예수님을 통해서 하나님께 나아갈 수 있는 길을 열어주셔서 감사합니다. 이제는 저도 하나님의 자녀로 살 수 있는 권리를 주옵소서.

예수님의 이름으로 기도합니다. 아멘

1. 제4과 읽기 (   ) 대박이다! ^_^

(   ) 헐~! >_<

(   ) 뭥미! ㅠㅠ

2. 성경읽기 (   ) 대박이다! ^_^

(   ) 헐~! >_<

(   ) 뭥미! ㅠㅠ

♣ '스스로 해보기' 입니다.

1. 오늘 공부한 제5과를 다시 한 번 꼼꼼히 읽어보세요.

2. 요한복음 5장을 읽고 중요한 곳에 밑줄을 긋고, 질문이 있으면 메모해 오세요.

선과 악을 눈으로 감찰하시는 하나님

"여호와의 눈은 어디서든지 악인과 선인을 감찰하시느니라." (잠 15:3)

만일 이 세상을 선과 악으로 나누어 딱 두 가지 물감으로만 칠한다면 악의 색깔이 더 많을까, 선의 색깔이 더 많을까?

이 세상은 아담이 범죄함으로 사탄의 영향권 아래에 놓이게 되었다. 그렇다고 하나님이 모든 주권을 포기하신 것은 아니다. 하나님은 여전히 이 세상이 온전히 당신의 통치 아래 있기를 원하신다. 이 세상에 대한 하나님의 주권 회복은 하나님의 뜻이며, 하나님의 계획이다. 하나님께서는 그 계획을 이루시기 위해 심장처럼 사랑하는 아들 예수 그리스도를 이 땅에 보내주셨다. 예수 그리스도의 십자가의 사건, 보혈의 사건, 심장이 터지는 사랑의 사건을 통해 회복의 전 과정을 이루셨다. 그러나 아직도 여전히 악은 점점 더 팽배해져 가는 것만 같다. 지금 우리는 하나님은 침묵하고 계시는 것처럼 느껴질 때가 있다. 심지어 세상마저도 악으로 치달으면서 "악하다, 악하나!" 라고 부르짖는다.

그렇다. 세상은 이렇게 말한다.

"하나님은 없다!"

그렇게 말하면서 그들은 다른 한편으로는 반문한다.

"하나님은 왜 악을 묵인하는가?"

그들은 하나님의 기다림, 하나님의 참으심, 하나님의 심판유예를 모르고 있다. 하나님은 "내게로 돌아오라!" 고 외치시면서 선도 헤아리시고, 악도 헤아리시고 계신다. 언제까지 참으실지 아무도 모른다. 하나님만이 아신다. 그러나 누구나 다 아는 것이 있다. 하나님은 결코 '모든 선과 악을 그냥 넘어가시지 않을 것' 이라는 것이다. 하나님께서 말씀하신다. "내가 먼저 그들의 행위를 헤아리고 그들의 품에 보응하리라." (사65:7) 하나님의 눈은 보시지 않는 것이 없고, 보시지 못할 곳이 없다. 아무도 숨을 수 없으며, 아무도 피할 수 없다. 하나님은 최종적으로 악을 심판하시고, 하나님의 의로우심과 선하심과 거룩하심으로 회복하실 것이다.

제6과 예수님을 믿는 것과 믿지 않는 것의 차이가 뭐죠?

계란에는 유정란과 무정란이 있습니다. 이 중에서 병아리가 깨어 나올 수 있는 것은 유정란이 아니면 안 됩니다. 유정란과 무정란은 육안으로 식별이 불가능합니다. 예수님을 믿는 사람과 믿지 않는 사람도 단순히 외적으로 구별하기란 쉽지 않을 수 있습니다. 그러나 그 차이는 너무너무 커서 일일이 다 열거할 수 없을 만큼 큽니다. 같은 사람이지만 자유가 있는 사람과 자유가 없는 사람의 차이만큼이나 다릅니다. 한 집안에 살지만, 주인의 아들과 주인의 일을 위해 고용된 일꾼의 차이와도 같습니다.

고린도후서 5장17절에는 "그런즉 누구든지 그리스도 안에 있으면 새로운 피조물이라 이전 것은 지나갔으니 보라 새 것이 되었도다." 라고 기록하고 있습니다. 설령 겉으로는 예수님을 믿기 전과 후의 차이를 느끼지 못한다 할지라도 예수님을 믿어, 거듭난 그리스도인은 새로운 피조물입니다. 전혀 다른 사람입니다. 하나님의 자녀입니다.

에베소서 1장13절에는 "그 안에서 너희도 진리의 말씀 곧 너희의 구원의 복음을 듣고 그 안에서 또한 믿어 약속의 성령으로 인치심을 받았으니." 라고 말씀하고 있습니다. 즉 우리가 믿을 때에 약속의 성령을 주셨다는 것입니다. 예수님을 믿는 사람에게는 성령께서 이미 그의 안에 들어와 계십니다.

베드로전서 2장9절에는 "그러나 너희는 택하신 족속이요 왕 같은 제사장들이요 거룩한 나라요 그의 소유가 된 백성이니 이는 너희를 어두운 데서 불러내어 그의 기이한 빛에 들어가게 하신 이의 아름다운 덕을 선포하게 하려 하심이라." 라고 말씀하고 있습니다. 이 말씀은 예수님을 믿는 사람들이 얼마나 소중한 사람들인지 깨닫게 해주는 성경구절입니다.

또한 빌립보서 3장20절에는 "그러나 우리의 시민권은 하늘에 있는지라 거기로부터 구원하는 자 곧 주 예수 그리스도를 기다리노니."라고 말씀하고 있습니다. 예수 그리스도를 믿는 사람은 천국의 시민권을 가진 사람입니다. 천국의 시민권을 가진 사람은 천국시민으로서의 권리를 누릴 수 있습니다. 다른 말로 하면 하나님의 자녀로서의 모든 권리를 누릴 수 있다는 것입니다.

고린도후서 6장8-10절에는 "우리는 속이는 자 같으나 참되고 무명한 자 같으나 유명한 자요 죽은 자 같으나 보라 우리가 살아 있고 징계를 받는 자 같으나 죽임을 당하지 아니하고 근심하는 자 같으나 항상 기뻐하고 가난한 자 같으나 많은 사람을 부요하게 하고 아무 것도 없는 자 같으나 모든 것을 가진 자로다."

종종 이렇게 생각하는 사람들이 있습니다. "그리스도인들은 먼 미래에나 있을 어떤 막연한 이상의 세계를 꿈꾸는 현실에 맞지 않는 사람들이다." 그렇게 생각하는 사람들은 그리스도인들을 이상주의자로 보거나 경쟁사회에 맞지 않는 사람으로 취급하기도 합니다. 그런데 그리스도인은 예수 그리스도를 믿는 순간부터 하나님 나라의 백성으로 사는 것입니다. 그리스도인은 현실의 토대를 무시하거나 외면하지 않으면서도 하나님의 통치 아래에서 사는 사람들입니다.

그리스도인은 주의기도(주기도문)에 나오는 것처럼 "나라가 임하게 하시오며, 뜻이 하늘에서 이루어진 것같이, 땅에서도 이루어지게 하시옵소서." (마태복음 6장10절, 표준새번역)라고 기도합니다. 또한 기도하는 것처럼 이 땅에서도 하나님 나라의 모형을 이루어가며, 하나님의 말씀을 따라 풍성한 삶을 살게 됩니다. 풍성한 삶은 예수 그리스도를 믿음으로 영생을 얻는 것이며, 그것은 그리스도안에서 하나님과 교제하며 하나님 말씀 안에서 사는 것을 말합니다.

1. 지금까지 예수님을 모르던 사람이 예수님을 믿고 영접할 때 어떤 일이 일어날까요?(고린도후서 5장17절)

2. 우리가 예수님을 믿고 영접할 때 우리 안에 누가 들어올까요?(에베소서 1장13절)

3. 예수 믿는 사람이 현실사회와 조화를 이루며 산다는 것에 대해서 어떻게 생각합니까?(고린도후서 6장8-10절)

♣ 기도

주님,

제가 예수님을 영접할 때 성령께서 제 안에 들어오셔서 거듭나게 하시고, 저를 새로운 피조물로 만들어 주실 것을 믿고 감사합니다. 제가 예수님을 믿고 하나님의 자녀가 될 때 성령님이 제 안에 들어오셔서 저로 하여금 새로운 삶을 살도록 이끌어 주실 것을 믿습니다. 제가 이제 천국시민으로, 하나님 나라의 백성으로 살아갈 수 있게 도와주옵소서. 그리고 이 땅에서 사는 동안에도 더 높은 도덕성과 더 많은 섬김과 봉사의 마음으로 살게 하옵소서. 제가 현실을 망각하지도 않고, 현실을 무시하지도 않게 하옵소서. 순간순간 주님과 함께 할 수 있는 믿음과 은혜를 주옵소서.

예수님의 이름으로 기도합니다. 아멘

♣ 지난주 '스스로 해보기' 잘하셨나요?

1. 제5과 읽기 (   ) 대박이다! ^_^

(   ) 헐~!)_〈

(   ) 뭥미! ㅠㅠ

2. 성경읽기 (   ) 대박이다! ^_^

(   ) 헐~!)_〈

(   ) 뭥미! ㅠㅠ

♣ '스스로 해보기' 입니다.

1. 오늘 공부한 제6과를 다시 한 번 꼼꼼히 읽어보세요.

2. 요한복음 6장을 읽고 중요한 곳에 밑줄을 긋고, 질문이 있으면 메모해
오세요.

내가 예수님을 주님이라고 부를 수 있는 것은

"그러므로 내가 너희에게 알리노니 하나님의 영으로 말하는 자는 누구든지 예수를 저주할 자라 하지 아니하고 또 성령으로 아니하고는 누구든지 예수를 주시라 할 수 없느니라." (고전 12:3)

태어나서 처음으로 교회에 간 날 나는 그냥 어리둥절할 뿐이었다. 막연히 나는 기독교는 세계 4대 성인중의 한 사람을 추종하는 종교라고 생각했던 것이 전부였다. '믿는다' 는 개념도 몰랐고, 그 예수를 '주' 라고 고백하고, '주님' 이라고 부른다는 것도 몰랐다. 그런데 처음 교회에 갔던 날 이후 나에게도 관심이 생겨서 교회에 나가게 됐었다. 보이지는 않았지만 지금 생각해보면 실낱같은 끈에 묶여 교회에 출석하기 시작했던 것 같다. 처음에는 주일예배마저도 참석하는 날보다 참석하지 않는 날이 더 많았다. 그러나 점차 예배참석의 횟수가 늘어갔다. 그러다가 어느 날 예배 시간에 "내가 죄인이구나!" 라고 느껴지면서 내 안에서 회개의 마음이 일어났다. 그때에서야 비로소 죄인이라는 것을 알게 되었고, 하나님 앞에서 죄에 대해서 인정하고 잘못했다고 말하게 되었다. '회개' 라는 용어도 몰랐다. 지나고 보니까 그리스도인들이 그것을 회개라고 한다는 것을 알았다. 교회에 가는 것도, 예배에 참석하는 것도 모두 내가 결정하는 것이라고 생각했었다. 물론 겉으로 들어나는 것만 보면 내가 결정했고 지금도 그렇다. 그런데 내가 그리스도인으로 살아가면서 어느 순간에 은혜라는 단어가 이해되기 시작했다. 모든 일을 내가 결정하고, 나의 의지로 하지만, 그 이면에는 하나님이 계시다는 것을 인정하게 됐다. 교회에 다니기로 결정한 것, 내가 죄인이라는 것을 알게 된 것, 예수님이 하나님의 아들이고, 나를 위해서 죽으시고, 부활하셨으며, 나의 구원자가 되신다는 것을 받아들이고, 나도 모르는 사이에 예수님을 주님이라고 고백하게 된 것 등등. 나를 움직이시는 분이 계시다는 것을 알게 됐다. 바로 은혜의 손이 나로 하여금 결정하게 하고, 움직이고 있다는 것을 알았다. 바로 성령께서 하신다는 것을 알았다.

제7과 하나님이 정말 저를 사랑하시나요?

교회에 다니는 사람들이 "하나님이 당신을 사랑합니다."라고 말할 때 당신은 어떤 느낌을 받습니까?

당신은 혹시 이 질문에 대하여 마음속으로 이렇게 반문하지 않나요?

"하나님이 나를 사랑한다고?"

어쩌면 당신은 지금까지 살아오면서 하나님의 사랑을 한 번도 느껴보지 못했을 뿐 아니라, '하나님이 당신을 사랑하십니다.'라는 말에 전혀 동의하지 않을 지도 모릅니다. 오히려 당신은 "하나님이 왜 나를 사랑하지? 나를 사랑할 이유가 없잖아! 하나님이 나를 사랑한다면 증거가 있어야잖아요?"라고 의문을 제기할 수도 있습니다.

그런데 성경은 이렇게 말합니다.

"하나님이 세상을 이처럼 사랑하사 독생자를 주셨으니 이는 그를 믿는 자마다 멸망하지 않고 영생을 얻게 하려 하심이라."(요 3:16)

하나님은 우주에 있는 모든 만물을 창조하셨고, 특히 창조의 극치라고 할 수 있는 인간을 창조하셨습니다. 하나님이 천지를 창조하실 때 6일에 걸쳐서 창조하셨는데, 하나님은 하루하루 창조하신 후에 그 창조물을 보시고 "보시기에 좋다!"고 하셨습니다. 그리고 마지막 6일째 되는 날은 최종적으로 인간을 만드신 후에 "하나님이 지으신 그 모든 것을 보시니 보시기에 심히 좋았더라."(창 1:31)고 하셨습니다. 하나님께서는 인간을 심히 좋게 만드셨고, 만드신 후에 아주 흡족해 하시고, 기뻐하셨습니다.

그리고 창조하신 인간에게 복을 주셨습니다. "하나님이 그들에게 복을 주시며 하나님이 그들에게 이르시되 생육하고 번성하여 땅에 충만하라, 땅을 정복하라, 바다의 물고기와 하늘의 새와 땅에 움직이는 모든 생물을 다스리라 하시니라."(창 1:28) 인간에게 이 땅에 충만하고, 번성하는 특권을 주셨습니다.

그리고 하나님은 에덴동산을 만들고 인간에게 그곳에 있는 모든 것을 다 누리며 살 수 있게 하셨습니다. "여호와 하나님이 그 사람을 이끌어 에덴동산에 두어 그것을 경작하며 지키게 하시고 여호와 하나님이 그 사람에게 명하여 이르시되 동산 각종 나무의 열매는 네가 임의로 먹되 선악을 알게 하는 나무의 열매는 먹지 말라 네가 먹는 날에는 반드시 죽으리라 하시니라." (창 2:15-17)

하나님께서는 에덴동산의 인간에게 모든 것을 다 누리고 딱 한 가지, 이것만은 지키라고 하셨습니다. 인간은 그 것마저 어겼습니다. 마치 왕복 10차선 도로에서 어느 방향으로든지 모든 차선을 마음대로 다녀도 되지만 "중앙선만 침범하지 말라!" 라고 말하는 것보다 더 많은 자유와 누림을 주셨습니다. 인간은 딱 한 가지의 기준과 질서를 지키며 모든 것을 다 누리는 특권을 받았지만, 그 기준과 질서를 범함으로 전체를 상실하게 되었습니다. 지금도 '그 한 가지를 왜 만들어 놓았느냐? 고 불만을 토로하는 것이 인간의 마음입니다.

그렇습니다. 인간은 불순종으로 에덴동산에서 누릴 수 있는 모든 기회를 잃게 되었습니다. 그것은 사탄의 꼬임에 빠져 범죄하였기 때문입니다. 그 결과 인간은 에덴동산에서 쫓겨나고, 수고하고 고생하며 살게 되었습니다. 범죄한 인간은 더 이상 하나님의 사랑을 알 수도 없고, 그 사랑을 전혀 경험할 수 없게 되었습니다. 마치 구름이 끼면 햇볕이 우리를 비출 수 없는 것과 같은 원리입니다. 구름이 끼었다고 태양이 빛을 발하지 않는 것이 아닌 것처럼 당신이 알 수 없고, 느낄 수 없다고 하나님의 사랑이 없는 것은 아닙니다. 하나님은 여전히 인간을 사랑하십니다. 다만 죄 가운데 있는 인간들이 경험할 수 없을 뿐입니다.

앞에서도 보았듯이 성경은 이렇게 기록하고 있습니다. "하나님이 세상을 이처럼 사랑하사 독생자를 주셨으니 이는 그를 믿는 자마다 멸망하지 않고 영생을 얻게 하려 하심이라." (요 3:16) 하나님은 당신과 저 그리고 온 인류를 지극히 사랑하셔서 하나님의 독생자 예수 그리스도를 이 세상에 보내주셨습니다. 예수 그리스도께서는 우리의 죄를 대신해서 십자가에서 죽으셨습니다. 우리를 향한 하나님의 사랑은 하나님의 독생자와 맞바꾼 사랑입니다. 당신은 당신을 위해 죽으시고, 부활하신 예수 그리스도를 통해 하나님의 사랑을 경험할 수 있습니다.누구든지 예수님을 믿는 사람에게 영생을 얻는 유일한 길이 되셨습니다. 또한 예수님은 이 세상에 오셔서 그를 믿는 사람은 누구나 풍성한 삶을 살 수 있는 유일한 길이 되셨습니다. "내가 온 것은 양으로 생명을 얻게 하고 더 풍성히 얻게 하려는 것이라." (요 10:10)

만일 당신이 하나님으로부터 오셔서 우리의 죄를 대신 짊어지고 죽으신 예수 그리스도를 믿는다면 하나님의 자녀가 되고, 하나님의 사랑을 경험할 수 있습니다. 그리고 풍성한 삶을 살 수 있습니다. 당신은 이 풍성한 삶을 살고 싶지 않으십니까?

그런데 우리가 알아야 할 것은 예수님께로 나아가는 것을 막고, 풍성한 삶을 누리는 것을 가로 막는 것은 바로 죄입니다. 이 죄로부터 돌아서야 합니다. 이 죄에 막혀 있는 사람은 하나님의 사랑과 계획을 경험할 수 없습니다.

♣ 이해를 돕는 질문

1. 하나님이 우주 만물을 창조하신 후에 하나님은 그 창조물을 보시고 무엇이라고 말씀하셨습니까?(창 1:4, 10, 12, 18, 21, 25)

2. 하나님께서 인간을 창조하신 후에는 무엇이라고 말씀하셨습니까?(창 1:31)

3. 하나님께서 인간을 사랑하셔서 보여주신 최고의 사랑을 어떻게 나타내셨습니까?(요 3:16)

♣ 기도

주님,

하나님께서 저를 사랑하신다는 것을 믿을 수 있도록 도와주옵소서. 제가 온갖 욕심에 사로잡히고, 다른 것들에 관심이 쏠려서 하나님의 사랑에 관심이 없을 때도 저를 사랑해주셔서 감사합니다. 지금 이 순간에도 하나님께서는 저를 사랑하시며 저에게 사랑의 보살핌을 주셔서 감사합니다. 저를 이렇게 잘 만들어 주셔서 감사합니다. 저의 삶을 돌아보면 다른 사람들과 비교하고, 다른 사람들의 환경과 비교함으로 저의 마음에 만족이 없고, 기쁨이 없을 때가 많습니다. 지금 저와 함께 하여 주셔서 저는 어느 누구와도 비교될 수 없는 주님이 만드신 가장 완벽한 작품임을 깨닫게 해주옵소서. 주님이 저를 사랑하셔서 예수님을 보내주시고, 저의 죄를 대신 지시고 십자가에서 죽으시고, 다시 부활하신 예수님을 믿습니다. 예수님을 믿을 때 영생주심을 알게 해주옵소서.

예수님의 이름으로 기도합니다. 아멘

♣ 지난주 '스스로 해보기' 잘하셨나요?

1. 제6과 읽기 (   ) 대박이다! ^_^

(   ) 헐~! >_<

(   ) 뭥미! ㅠㅠ

2. 성경읽기 (   ) 대박이다! ^_^

　　　　　(   ) 헐~! >_<

　　　　　(   ) 뭥미! ㅠㅠ

♣　'스스로 해보기' 입니다.

1. 오늘 공부한 제7과를 다시 한 번 꼼꼼히 읽어보세요.

2. 요한복음 7장을 읽고 중요한 곳에 밑줄을 긋고, 질문이 있으면 메모해 오세요.

상한 갈대를 꺾지 아니하며

"상한 갈대를 꺾지 아니하며 꺼져가는 등불을 끄지 아니하고 진리로 공의를 베풀 것이며" (사 42:3)

어릴 때는 어릴 때대로 위험한 상황에 놓일 때가 있었고, 성인이 되어서는 그 크기와 모양은 다르지만 그 나름의 위험한 상황과 어려움, 곤경, 난처함 같은 것들이 삶을 위협하기도 하고, 두려운 마음을 던져 주기도 한다. 그런 것들이 환경을 통해, 사람들과의 관계를 통해, 미래에 대한 불확실한 마음 등을 통해 다가온다. 대부분 시간이 지나면 별 문제없이 해결되는 것들이지만, 오래도록 나의 주위를 맴도는 것도 있다. 나에게는 나를 위협하는 것들 가운데 가장 큰 위협은 "나는 정말 아무것도 아닌 존재야!"라는 생각이 나를 지배할 때이다. 이 생각이 겸손으로부터가 아니고 '자기연민'으로부터 나와 그 생각이 나를 지배할 때 나는 작아지고, 작아진다. 그렇게 작아지는 때에 나에게 힘을 주는 말씀이 "상한 갈대를 꺾지 아니하며 꺼져가는 등불을 끄지 아니하고 "라는 말씀이다. 주님의 긍휼히 여기시는 마음이 느껴지는 말씀이다. 약한 자, 버려진 자, 고통 속에 있는 자에 대해서도 외면하지 않으시는 주님을 보여주시는 말씀이다. 세상은 상한 갈대는 완전히 꺾어 버린다. 세상은 꺼져가는 등불은 완전히 꺼버린다. 긍휼히 없기 때문이다.

긍휼히 여기는 마음이 얼마나 아름다운가? 나도 긍휼을 배우고, 긍휼을 품고, 긍휼의 눈으로 연약한 지체들을 보고 싶다. 내가 꺾여가는 순간에도, 내가 꺼져가는 순간에도 주님은 지키시고, 돌보시고, 막아주시며 "내가 너를 지키고 있는거야!"라고 세미한 음성을 들려주시듯 연약한 이들에게 그렇게 다가가고 싶다. 나의 눈에 보이지 않는다고 주님이 아주 멀리 계신 분이 아니고, 나의 손에 잡히지 않는다고 주님이 나에게 무관심하신 것도 아니며, 문제가 금방 해결되지 않는다고 주님은 내가 실패하도록 방치해두시는 분이 아니시다. 주님은 언제나 나의 곁에서 눈동자처럼 지켜보시고, 강한 팔로 안위해주시고, 나의 앞에 있는 장애물을 능히 넘을 수 있는 힘을 주시는 분임을 이제는 알고 있다. 하나님은 정말 사랑이시고, 긍휼히 풍성하신 분이시다.

제8과 나는 왜 하나님의 사랑을 느끼지 못할까요?

당신은 이렇게 생각할지도 모릅니다.

"하나님이 모든 사람을 사랑하신다고 하는데, 왜 나는 한 번도 그 사랑을 느끼지 못하고 있을까?"

당신은 누군가를 짝사랑한 경험이 있습니까?

당신이 누군가를 너무너무 사랑하는데, 상대방이 그 사랑을 알지도 못하고, 설령 당신의 사랑하고 있다는 것을 안다고 해도 전혀 그 사랑을 받아들일 준비가 되어 있지 않다면 당신의 마음이 어떠할까요?

만일 당신이 그런 상황에 놓여 있다면, 당신의 마음은 몹시 답답하고 슬프지 않을까요?

사실 대부분의 사람들은 자신에게 하나님의 사랑이 필요하다는 것 조차도 모르고 있습니다. 그런 사람이 하나님의 사랑을 느끼지 못하는 것은 당연합니다. 인간은 죄 때문에 하나님의 사랑이 필요하다는 것을 모르고, 하나님이 사랑하신다는 것도 알 수도 없으며, 그 사랑을 느낄 수도 없습니다. 그런데 더 심각한 것은 인간은 자신이 죄인이라는 것 자체를 모르고 있습니다. 누군가 "당신은 죄인입니다." 라고 말해준다고 해도 그 말을 수용하기 보다는, 그 말에 거부감을 갖고 심한 경우는 적대감을 갖기도 합니다. 그러나 성경은 이렇게 말하고 있습니다. "그들이 알지도 못하고 깨닫지도 못함은 그들의 눈이 가려서 보지 못하며 그들의 마음이 어두워져서 깨닫지 못함이니라." (사 44:18) "육에 속한 사람은 하나님의 성령의 일들을 받지 아니하나니 이는 그것들이 그에게는 어리석게 보임이요, 또 그는 그것들을 알 수도 없나니 그러한 일은 영적으로 분별되기 때문이라." (고전 2:14)

인간은 죄 때문에 하나님의 사랑을 알지도 못하고, 실제로 하나님의 사랑을 경험할 수 없습니다.

그런데 우리가 왜 죄인일까요? 많은 사람들은 자신이 어떻게 죄인이 되었는지 모릅니다. 그러나 과거에 살다가 죽은 사람들이나 현재 살고 있는 사람들이나 거의 대부분의 사람들은 자신의 의도와 관계없이 죄를 지었고, 그 죄로 인해 죄책감이 있고, 악한 생각을 품고 있다는 것을 인정합니다. 이것은 자신을 죄인이라고 인정하고 안하고의 문제가 아니라 죄가 모든 사람에게 존재하고, 죄가 모든 사람에게 영향을 주고 있다는 것을 인정할 수밖에 없습니다. 어떤 책이나 학문으로도 인간이 왜 죄인인가에 대한 속 시원한 대답을 주지 못하지만 성경만은 그에 대한 분명한 대답을 주고 있습니다. <u>로마서 5장12절</u>에 보면 <u>"그러므로 한 사람으로 말미암아 죄가 세상에 들어오고 죄로 말미암아 사망이 들어왔나니 이와 같이 모든 사람이 죄를 지었으므로 사망이 모든 사람에게 이르렀느니라."</u> 여기서 "한 사람"은 최초의 인간, 바로 아담을 말합니다. 아담이 불순종함으로 죄가 이 세상에 들어오고, 그 죄로 말미암아 사망이 들어왔습니다. 이 세상에 죽음이 있다는 것은 곧 죄가 있다는 것입니다. 성경은 죄의 결과는 사망이라고 말하고 있습니다. <u>로마서 6장23절</u>에 보면 <u>"죄의 삯은 사망이요 하나님의 은사는 그리스도 예수 우리 주 안에 있는 영생이니라."</u> 여기서 말하는 사망은 존재의 끝이 아니라 관계의 단절을 말합니다. 즉 죄로 인해서 하나님과의 교제가 단절된 사람은 곧 사망 가운데 있는 사람입니다.

이 세상에 사는 많은 사람들은 부지런히 무엇인가를 향해 움직이고 있습니다. 그러나 그들의 가슴에는 끊임없이 이어지는 풀리지 않는 질문들을 가지고 살아갑니다.

"나는 어디서 와서 어디로 가는가?"

"나는 무엇 때문에 이렇게 열심히 살고 있는가?"

"나는 과연 행복할 수 있을까?"

이런 질문들은 지루하고 케케묵은 질문으로 더 이상 현대에는 가치가 없는 질문이라고 무시해버리기도 합니다. 그러나 여전히 오늘 우리에게도 동일하게 다가오는 질문입니다. 그런데 안타깝게도 그렇게 오래된 낡은 질문임에도 불구하고 누구도 선뜻 그 대답을 내 놓을 수 없다는 것입니다. 따라서 우리가 스스로에게 던져 볼 수 있는 현명한 질문은 "왜 우리는 이런 질문을 가지고 있는가?"라고 묻는 것입니다. 이 질문에 대해서 많은 철학자나 신학자들은 "인간은 죄인이기 때문에 이런 질문을 가질 수밖에 없다"라고 대답합니다.

성경은 죄가 있기 때문에 사망 곧 하나님과의 단절이 누구에게나 임했다고 말합니다. 따라서 인간은 영원히 풀 수 없는 의문의 소용돌이 속으로 빠져들지만, 그렇다고 실망할 필요는 없습니다. 성경에는 죄에 대한 해결의 길을 제시하고 있습니다.

당신이 깨달을 수도 경험할 수도 없는 하나님의 사랑을 예수 그리스도를 통해 하나님과의 관계가 회복될 때 그 사랑을 깨달을 수 있고, 경험할 수 있습니다.

♣ 이해를 돕는 질문

1. 인간은 어떻게 죄인이 되었습니까?(롬 5:12)

2. 성경은 "모든 사람이 죄인이다." 라고 하는 말하고 있는데, 성경의 이 선언에 대해서 당신은 어떻게 생각합니까?(롬 3:23)

3. 만일 당신이 죄인이라면 죄의 결과는 어떻게 될까요?(롬 6:23)

♣ 기도

주님,

제가 죄인이라는 것을 깨닫게 해주옵소서. 저의 안에 죄성이 있고, 저에게 죄책감이 있음을 인정합니다. 제가 죄를 짓지 않으려고 해도 죄를 지을 수밖에 없는 죄의 본성이 저를 지배하고 있음을 고백합니다. 모든 사람이 죄인이라는 말씀에 동의합니다. 죄의 결과 저도 죽을 수밖에 없음을 받아드립니다. 저를 죄로부터 구원하여 주옵소서. 예수 그리스도를 믿음으로 그 안에 있는 영생을 누리며 살고 싶습니다. 저에게 세상이 줄 수 없고, 하나님만이 주실 수 있는 평안을 주옵소서.

예수님의 이름으로 기도합니다. 아멘

♣ 지난주 '스스로 해보기' 잘하셨나요?

1. 제7과 읽기 (   ) 대박이다! ^_^

(   ) 헐~! 〉_〈

(   ) 뭥미! ㅠㅠ

2. 성경읽기 (   ) 대박이다! ^_^

(   ) 헐~! 〉_〈

(   ) 뭥미! ㅠㅠ

♣ '스스로 해보기' 입니다.

1. 오늘 공부한 제8과를 다시 한 번 꼼꼼히 읽어보세요.

2. 요한복음 8장을 읽고 중요한 곳에 밑줄을 긋고, 질문이 있으면 메모해 오세요.

나를 그냥 기뻐하시고, 나를 그냥 사랑해주시는 하나님

"너의 하나님 여호와가 너의 가운데에 계시니 그는 구원을 베푸실 전능자이시라 그가 너로 말미암아 기쁨을 이기지 못하시며 너를 잠잠히 사랑하시며 너로 말미암아 즐거이 부르며 기뻐하시리라 하리라."(습 3:17)

여호와 하나님은 나의 주님이시며, 나의 삶 가운데 계시면서 나를 위협하는 모든 것들로부터 나를 지켜주시고, 구원하시는 능력이시다. 내가 알고 있는 것들이나 내가 모르는 것들을 포함하여 나의 믿음을 약화시키거나, 나를 갈등하게 만드는 것이나 염려하게 만드는 것들로부터 나를 굳건하게 세워주시고, 잡아주신다. 하나님은 내가 그럴듯한 일을 했을 때만 칭찬하시거나, 내가 뭔가 성과를 이루었을 때만 받아주시는 분이 아니라 내가 부족하더라도 하나님께로 향하면 그냥 나를 기뻐하시고, 나를 사랑해주시는 분이시다. 내가 비록 아무것도 드릴 것이 없을 지라도 조건 없이 나를 사랑하신다. 하나님은 나에게 보상을 요구하시지도 않으신다. 나는 하나님의 은혜에 보상할 수도 없다. 그럼에도 불구하고 사랑해 주시는 분이시다. 아버지시니까! 내가 범죄하고, 죄인일지라도, 허랑방탕한 둘째 아들을 기다리시는 아버지처럼 나를 기다려주시고, 사랑하신다.(눅 15:11-24) 내가 죄로 인하여 하나님을 바라볼 수 없는 그 순간에도 하나님은 한없는 사랑의 눈길을 주시는 분이시다. 나는 이 사랑을 성경을 통해서 보고, 성경을 통해서 안다. 하나님의 사랑이 나의 죄와 나의 욕심과 나의 얄팍한 잔꾀로 인하여 가려지지 않고 항상 잘 느껴지길 기도한다.

주님, 주님의 그 사랑의 오묘함을 늘 깨닫게 해주십시오. 그 사랑의 깊이와 넓이를 알게 해주십시오. 아멘.

제9과 내가 왜 죄인이죠?

이렇게 말하는 사람도 있습니다.

"내가 무엇을 훔쳤습니까?"

"내가 누구에게 무슨 피해를 입혔습니까?"

"나는 별로 죄를 지은 것이 없다고 생각합니다."

당신이 이렇게 생각하는 것도 무리는 아니라고 생각합니다.

그런데 성경은 사람이 죄인이라고 선언합니다. 어느 누구 하나 예외 없이 모두 죄인이라고 말합니다.(롬 3:23) 도대체 왜 성경은 인간을 죄인이라고 말할까요?

하나님을 믿지 않는 것이 죄입니다. <u>"죄에 대하여라 함은 그들이 나를 믿지 아니함이요."</u> (요 16:9)

죄는 아담을 통해 우리에게 들어왔으며, 죄의 결과로 모든 인간은 죄성을 가지고 있습니다. 바로 죄인은 죄성과 죄책감을 가지고 있습니다.

<u>"만물보다 거짓되고 심히 부패한 것은 마음이라."</u> (렘 17:9) 그렇습니다. 모든 사람의 마음은 이 세상의 어떤 것보다 거짓으로 가득 차 있고, 부패한 상태라고 성경은 말하고 있습니다. 물론 사람에게도 선과악을 분별할 수 있는 양심과 도덕이라는 것이 있습니다. 그렇다고 해서 선한 양심이나 도덕이라는 특성만 항상 삶으로 나타나지 않습니다. 한 개인의 삶에서 때론 양심적이며, 도덕적인 사람으로 나타날 때도 분명히 있습니다. 그러나 한 사람의 내면세계에는 얼마든지 죄인의 속성이 내재되어 있습니다. 바로 그 죄성을 가진 부패한 인간은 하나님의 사랑이나 계획을 이해할 수 없을 뿐만 아니라, 하나님과의 교제 할 수 없습니다. 죄로 부패한 인간은 하나님을 거부하고, 부정할 수밖에 없을 성경이 말해주고 있습니다. <u>"어리석은 자는 그의 마음에 이르기를 하나님이 없다 하는도다 그들은 부패하고 그 행실이 가증하니 선을 행하는 자가 없도다."</u> (시 14:1) 이 성경구절을 다른 말로 하면 마음이 부패한 인간은 하나님의 존재를 인정할 수도 없고, 하나님을 믿을 수도 없습니다.

하나님을 믿지 않는 사람들도 성경을 통해서 하나님에 대한 지식을 얻을 수 있습니다. 그리고 하나님을 믿는 사람들을 통해서 하나님에 대해서 들을 수 있는 기회가 주어지기도 합니다. 또한 이 세상에 존재하는 우주만물과 역사를 통해 창조하신 분이 계심과 역사를 움직이시는 분이 계시다는 것을 느낄 수 있습니다. 그렇다고 하더라도 부패한 인간의 마음은 하나님을 인정하려고 하지 않습니다.

여기서 우리가 생각해봐야 할 것이 있습니다. 하나님은 인간의 이러한 마음의 상태까지도 모두 알고 계신다는 것입니다. "하나님의 말씀은 살아 있고 능력이 넘칩니다. 날이 선 칼보다도 더 날카로워 우리 마음속에 있는 생각이나 욕망까지도 가르고 그 정체를 드러내게 합니다." (히 4:12, 현대어성경) 예수님은 사람의 속에 품고 있는 생각까지 다 알고 있습니다. 그래서 사람들의 속에서 나오는 것들에 대해서 이렇게 말씀하셨습니다. "마음에서 악한 생각들이 나오는데, 곧 살인과 간음과 음행과 도둑질과 거짓 증언과 비방이다." (마 15:19, 표준새번역) 사람은 누구나 자신의 마음속에 품고 있는 것들 중에서 좋은 것들만 보여주고 나쁜 것들은 숨기려고 합니다. 그러나 숨기려고 해도 완벽하게 숨길 수는 없습니다. 실제로 삶에서 이런 악한 생각들이 일어나기도 하며, 마음의 생각으로 그치지 않고, 죄를 범하기도 합니다. 이런 마음을 성경의 다른 곳에서는 더 구체적으로 표현하고 있습니다.

"육체의 일은 분명하니 곧 음행과 더러운 것과 호색과 우상 숭배와 주술과 원수 맺는 것과 분쟁과 시기와 분냄과 당 짓는 것과 분열함과 이단과 투기와 술 취함과 방탕함과 또 그와 같은 것들이라." (갈 5:19-21) 아름다운 장미에 사람을 찌르는 가시가 있는 것처럼 비록 겉으로 보기에는 착하게 보이더라도 인간의 내면에는 악한 인간이 웅크리고 있습니다. 인간의 악한 죄성은 누구도 숨길 수 없습니다. 멋진 매너와 좋은 옷이나 화장을 해도 숨길 수 없습니다. 수준 높은 가정교육이나 좋은 환경에서 좋은 선생님들로부터 배우는 어떤 학교 교육도 인간의 죄성을 해결해줄 수 없습니다.

또한 죄인인 인간은 죄의식 즉 죄책감을 가지고 있습니다. 죄가 없는 사람은 죄책감을 가질 필요가 없습니다. 그런데 거의 모든 인간은 죄책감을 가지고 있습니다. 죄책감을 가지고 있다는 것은 죄인이라는 증거이기도 합니다.

"이르되 내가 동산에서 하나님의 소리를 듣고 내가 벗었으므로 두려워하여 숨었나이다." (창 3:10)

선악과를 먹은 후에 아담은 스스로 죄책감을 느껴 숨었습니다. 자신의 정체가 드러나는 것이 두려워 가리고 숨게 되는 것입니다.

"여호와께서 가인에게 이르시되 네 아우 아벨이 어디 있느냐 그가 이르되 내가 알지 못하나이다 내가 내 아우를 지키는 자니이까." (창 4:9)

아벨을 죽인 가인은 '네 아우 아벨이 어디 있느냐' 고 묻는 하나님께 '내가 내 아우를 지키는 자니이까' 하고 대들었습니다.

모든 인간은 죄인으로 태어나고, 죄 가운데 있습니다. 우리가 알아야 할 것은 인간의 죄 가운데, 가장 큰 죄는 하나님을 떠나 있는 죄입니다. 그러나 죄에 대한 해결의 길이 없는 것이 아닙니다. 인간은 예수 그리스도를 통해서 하나님께로 돌아갈 때 죄의 문제를 해결 받을 수 있습니다.

"사람이 의롭게 되는 것은 율법의 행위로 말미암음이 아니요 오직 예수 그리스도를 믿음으로 말미암는 줄 알므로 우리도 그리스도 예수를 믿나니 이는 우리가 율법의 행위로써가 아니고 그리스도를 믿음으로써 의롭다 함을 얻으려 함이라 율법의 행위로써는 의롭다 함을 얻을 육체가 없느니라." (갈2:16) 인간이 아무리 법을 잘 지키고 도덕을 잘 지킨다고 해도 죄의 문제를 스스로 해결 할 수 없습니다.

"너희가 알거니와 너희 조상이 물려 준 헛된 행실에서 대속함을 받은 것은 은이나 금 같이 없어질 것으로 된 것이 아니요" (벧전 1:18) 죄로부터의 구원은 은이나 금 같은 어떤 물질적인 대가로도 살 수 없고, 힘으로도 얻어 낼 수 없습니다.

"우리를 구원하시되 우리가 행한 바 의로운 행위로 말미암지 아니하고 오직 그의 긍휼하심을 따라 중생의 썻음과 성령의 새롭게 하심으로 하셨나니" (딛 3:5) 또한 우리의 올바른 행실이 우리를 구원할 수 있는 것도 아닙니다.

1. 성경은 인간의 마음 상태에 대해서 어떻게 말하고 있습니까?(렘 17:9)

2. 죄인들이 가지고 있는 육체의 일은 무엇입니까?(갈 5:19-21)

3. 당신이 부패한 마음과 죄로부터 용서받고 의롭게 될 수 있는 길은 무엇입니까?(딛 3:5)

♣ 기도

주님,

성경이 지적하고 있는 것처럼 저의 마음이 흉악함을 인정합니다. 가끔은 저도 착하게 살고 싶지만, 저의 마음 속에 미움과 시기와 질투와 지나친 욕심과 탐욕이 있음을 인정합니다. 제가 인정하고 싶지 않지만 제 안에서 일어나는 음탕한 생각, 더럽고 지저분한 생각, 잘못된 성적 욕망, 하나님이 아닌 것들을 숭배하는 마음, 주술, 원수 맺는 것, 분쟁, 시기, 화를 내고, 편을 가르기도 하며, 사람들 사이를 분열시키는 언어와 행동, 강한 질투심, 술 취함, 방탕함 같은 것들이 꿈틀거리고 있습니다. 이런 것들은 목욕으로도 씻어낼 수 없고, 어떤 노력으로도 극복할 수 없음을 인정합니다. 예수 그리스도의 십자가와 보혈의 능력으로만 이런 죄들을 용서받고, 이런 죄

로부터 벗어날 수 있음을 알게 되었습니다. 제가 모든 죄를 벗고,

새 사람이 되도록 도와주옵소서.

예수님의 이름으로 기도합니다. 아멘

♣ 지난주 '스스로 해보기' 잘하셨나요?

1. 제8과 읽기 (   ) 대박이다! ^_^

(   ) 헐~!)_〈

(   ) 뭥미! ㅠㅠ

2. 성경읽기 (   ) 대박이다! ^_^

(   ) 헐~!)_〈

(   ) 뭥미! ㅠㅠ

♣ '스스로 해보기' 입니다.

1. 오늘 공부한 제9과를 다시 한 번 꼼꼼히 읽어보세요.

2. 요한복음 9장을 읽고 중요한 곳에 밑줄을 긋고, 질문이 있으면 메모해 오세요.

나는 내가 죄를 지었다고 생각하기 전부터 죄인이었다.

"모든 사람이 죄를 범하였으매 하나님의 영광에 이르지 못하더니" (롬 3:23)

나는 나의 어머니가 낳기도 전부터 죄인이었다. 내가 어떤 행동의 의지가 없던 그 때부터 죄인이었다. 그러나 내가 죄인이라는 것을 깨달은 것은 고2 때였다. "내가 왜 죄인이냐?"고 성경을 향해, 아니 하나님을 향해 따져 묻기도 했다. 그러나 내가 죄인이라는 것을 깨닫는 데는 많은 시간이 걸리지 않았다.

"너는 죄인이라고 느껴야해!"라고 누가 강요하지도 않았다. 누군가 죄인이라는 논리를 펼쳐서 그 논리에 설득돼서 죄인임을 깨달은 것도 아니었다. 반복 교육에 세뇌 되어서 그렇게 말 할 수밖에 없는 상황에 처해서 죄인이라고 말한 것도 아니었다. 교회에 다니며, 예배에 참석하여 복음을 듣다가 깨달았다. 깨달았다는 말보다는 믿음이 왔다. 그것도 머리로 인식되어오기 전에 가슴으로 느껴왔다. 그래서 울고 울었다. 주체할 수 없는 죄의식이 몰려왔다. 기도할 줄 몰랐을 때였지만 그냥 부끄러운 줄도 모르고 울었다. 그러고 나서 나는 그날 이후로 나는 하나님을 아버지라고 부르게 되었고, 스스로를 그리스도인이라고 말했다. 한 없이 죄의식이 밀려온 그 이후로 예수 그리스도를 나의 주님으로 믿는다고 고백했다. 나는 믿음이 조금씩 더 성장하면 할수록 내가 죄인이었다는 것을 더 분명하게 알았다. 성경에 그렇게 쓰여 있는 것을 보고, "정말 내가 죄인이네!"라고 확실하게 알게 되었다. 지금도 여전히 죄를 짓고, 죄를 지으면 죄책감도 있고, 죄를 지으면 하나님의 사랑에도 무디어지고, 하나님의 말씀이 주는 맛도 잃어가고, 기도의 열기도 식어간다. 하지만 이제는 죄 때문에 겪을 수 있는 결과들을 어느 정도 알고 있다. 그래서 죄를 지으면 빨리 고백한다.

"주님, 제가 죄인입니다. 저의 모든 죄 값을 다 지불하신 십자가의 능력을 의지합니다. 용서하여주세요."

제10과 이제 내가 어떻게 해야 되나요?

혹시 당신은 이렇게 생각하지 않습니까?

"이 세상에 죄 안 짓고 사는 사람이 있습니까?"

그렇습니다. 이 세상에 사는 사람 중에 죄인이 아닌 사람은 없습니다. 그런데 우리가 꼭 알아야 할 것은 자신이 죄인이라는 것을 안다고 해도 자신의 죄를 스스로 해결할 수 있는 길은 없습니다. 바로 그 점 때문에 대부분의 사람들은 죄를 감추려고 하거나 죄에 대해서 진지하게 생각하지 않으려고 합니다. 진지하게 생각한다 하더라도 해결책이 없기 때문입니다. 자신의 죄를 깊이 생각하고, 스스로 해결하려고 하는 사람들 중에 죄에 대한 해결책은 죽음이나 기억에서 지우는 것을 가장 좋은 해결책이라고 주장하는 사람들이 있습니다. 그리고 많은 사람들은 자신의 죄에 대한 해결책이 없다는 것을 알게 되므로 더 깊은 좌절을 경험하기도 합니다. 인간이 가지고 있는 죄의 문제는 스스로 벗을 수 없는 무거운 짐입니다. 스스로 해결할 수 없기 때문에 이 세상에 있는 많은 종교들을 찾기도 합니다. 그러나 그 어떤 종교도 죄의 문제에 대해서 시원한 해결책을 제시하지 못합니다. 오히려 노력할 것을 요구하고 있습니다. 노력한다고 죄 문제가 해결된다면 얼마나 좋겠습니까? 죄를 스스로 해결하기 위한 노력은 오히려 더 깊은 좌절과 절망 속으로 몰아넣습니다. 마치 깊은 수렁에 빠진 사람에게 수렁에서 스스로 노력해서 빠져나오라고 하는 것과 같습니다. 이 말을 듣고 수렁에서 스스로 빠져나오려고 버둥거리다가 더 깊이 빠져들게 됩니다.

그렇다면 우리의 죄는 무엇일까요?

모든 인간은 죄인으로 태어났으며, 인간의 죄 가운데 가장 근본적인 죄는 하나님을 떠나서 사는 죄입니다. 이 죄는 하나님 앞에서 죄인일 뿐만 아니라 또한 사람들에게도 죄를 짓게 되는 것입니다. 당신과 저는 물론 모든 사람은 하나님 앞에서 죄인입니다. 죄인인 인간은 죄책감을 가지고 있습니다. 죄책감이 있다는 것은 죄인이라는 것입니다. 무슨 죄를 지었는지 모르는 사람마저도 죄책감을 가지고 있습니다.

당신은 성경의 선고(롬3:23)처럼 당신이 죄인이라는 말에 동의합니까? 만일 당신에 죄인이라는 말에 동의하고, 당신의 마음에 "내가 죄인이라면 이제 내가 어떻게 해야 되는 거죠?" 라는 의문이 생겼다면, 당신에게 길이 있습니다.

우리의 모든 죄를 대신 지어주신 분이 계십니다. 바로 예수님입니다. "그리스도의 사랑이 우리를 강권하시는도다 우리가 생각하건대 한 사람이 모든 사람을 대신하여 죽었은즉 모든 사람이 죽은 것이라." (고후 5:14) 예수님께서 우리 모든 사람을 대신해서 죽으심으로 모든 사람의 죄 값을 대신 지불하셨습니다. 예수님께서 당신의 죄에 대한 대가도 모두 지불하셨습니다. 예수님께서 우리의 모든 죄 값을 지불하시고 우리의 구주가 되셨다는 것을 믿는 사람은 누구나 죄로부터 구원받는 경험을 하게 됩니다. 요 5:24에 보면 "내가 진실로 진실로 너희에게 이르노니 내 말을 듣고 또 나 보내신 이를 믿는 자는 영생을 얻었고 심판에 이르지 아니하나니 사망에서 생명으로 옮겼느니라." 라고 말씀하고 있습니다. 예수님을 믿을 때 바로 당신이 영생을 얻고, 심판을 받지 않고, 사망으로부터 생명으로 옮겨지게 됩니다. 하나님께서 예수님을 통해서 우리의 죄를 용서하시고, 우리에게 영생을 주십니다. 예수님 안에서 우리는 지금까지 경험하지 못했던 평안을 되찾게 되고, 어둠속에서 다시 빛을 발견하게 되는 것입니다. "예수님 안에서" 라는 말은 "예수님을 믿음으로, 예수님을 통해서" 라는 말입니다.

당신은 단지 예수님께서 당신의 죄를 짊어지고, 당신을 위해 십자가에서 피흘려 죽으셨다는 것과 예수님이 죽음에서 부활하셨다는 성경의 기록을 믿고, 성경의 약속을 따라 예수님을 당신의 마음에 영접하면 됩니다. 예수님께서는 지금 당신의 마음의 문을 두드리고 계십니다. "볼지어다 내가 문 밖에 서서 두드리노니 누구든지 내 음성을 듣고 문을 열면 내가 그에게로 들어가 그와 더불어 먹고 그는 나와 더불어 먹으리라." (계 3:20) 이 말씀에 의지해서 예수님을 당신의 마음에 영접하십시오. "영접하는 자 곧 그 이름을 믿는 자들에게는 하나님의 자녀가 되는 권세를 주셨으니" (요 1:12)라는 말씀의 약속대로 당신이 예수님을 영접할 때 하나님의 자녀가 됩니다.

1. "예수님께서 십자가에서 죽으셨다"는 것이 인간의 죄와 어떤 관계가 있을까요?(고후 5:14)

2. 만일 당신이 예수님을 믿게 된다면 당신에게 어떤 일이 일어날까요?(요 5:24)

3. 당신은 예수님을 믿고 싶습니까?

♣ 기도

주님,

저는 저의 기준으로 제가 선하고, 의롭다고 생각했습니다. 그러나 하나님 앞에서 제가 죄인임을 이제 깨달았습니다. 제가 죄의 지배를 받고, 죄의 영향력 아래 있습니다. 이제 죄로부터 자유를 얻고 싶습니다. 저를 구원하시기 위해 하나님의 독생자 예수님을 이 땅에 보내주신 하나님의 은혜를 깨닫게 해주옵소서. 지금 저의 마음을 열고 예수님을 영접합니다. 저의 삶의 모든 결정권을 주님께 맡깁니다. 저를 구원하여 주옵소서. "너희의 죄가 주홍 같을지라도 눈과 같이 희어질 것이요 진홍 같이 붉을지라도 양털 같이 희게 되리라."고 말씀하신 주님, 저의 죄를 깨끗하게 씻어주옵소서. 예수 그리스도께서 십자가에서 대신 죽으신 죽음이 저의 죄를 위한 것임을 고백합니다. 제가 죄 용서 받은 기쁨을 생생하게 느끼게 하옵소서. 모든 죄책감과 죄의 속박에서 벗어나 진정한 평안을 주옵소서. 저에게 성령님께서 규칙적으로 교회에 출석하고 싶은 마음을 주시고, 교회생활을 통해서 하나님을 더 깊이 알아갈 수 있도록 도와주옵소서.

예수님의 이름으로 기도합니다. 아멘

♣ 지난주 '스스로 해보기' 잘하셨나요?

1. 제9과 읽기 (　　　) 대박이다! ^_^

(　　　) 헐~!)_〈

(　　　) 뭥미! ㅠㅠ

2. 성경읽기 (　　　) 대박이다! ^_^

(　　　) 헐~!)_〈

(　　　) 뭥미! ㅠㅠ

♣ '스스로 해보기' 입니다.

1. 오늘 공부한 제10과를 다시 한 번 꼼꼼히 읽어보세요.

2. 요한복음 10장을 읽고 중요한 곳에 밑줄을 긋고, 질문이 있으면 메모해 오세요.

주님을 제 안에 모셨습니다.

"영접하는 자 곧 그 이름을 믿는 자들에게는 하나님의 자녀가 되는 권세를 주셨으니(요 1:12)

누군가를 마음에 들인다는 것이 가능한 것인가? 과연 사람의 마음속에 얼마나 큰 공간이 있길래 누구를 마음에 들인다는 말인가?

그러나 곰곰이 생각해보면 실제로 내 마음에 들였던 것이 한두 가지가 아니다. 산과 바다를 마음에 품기도 하고, 영화나 음악을 마음에 품기도 하고, 스포츠를 마음에 품기도 한다. 사람을 가슴에 품기도 한다. 사람은 누구나 무엇인가를 마음에 들이고, 마음에 품고, 생각 속에 둔다. 주님을 영접하는 것도 마음에 들인다는 면에서 비슷한 원리로 설명할 수 있다. 그러나 예수님을 영접한다는 것은 이 세상의 어떤 이론이나 논리로도 완전한 설명이 불가능하다. 예수님이 어떻게 들어오시고, 어디에 계시고, 어떤 모습으로 계시는지 설명할 수 없다. 그러나 예수님을 영접하면 예수님이 인생의 주인이 되시고, 예수님을 영접하는 순간 하나님의 자녀가 되어 신분이 바뀐다. 신분이 바뀌니까 사람이 변하기 시작한다. 예수님을 영접한 순간 새로운 피조물이 되고, 새로운 인생이 시작된다. 예수님을 모시면 세상이 줄 수 없는 평안이 주어지고, 세상의 이치로는 도대체 설명이 불가능한 일들이 이미 일어나게된다. 서로 다른 각 사람들에게, 서로 다른 형태의 각각의 변화가 일어나지만 모두 한 분 예수 그리스도를 영접함으로 일어난다. 시간적, 공간적 제한을 넘어서 일어난다. 예수님을 영접한 사람들은 동일한 성령을 받고, 모든 믿는 그리스도인들이 한 형제자매임을 경험한다. 이 모든 것이 예수님을 영접한 사람들의 경험담이고, 나의 경험이다. 성경에 기록되어 있고, 역사 속에 살았던 그리스도인들의 간증이며 고백이다.

제11과 내가 예수님을 믿고 싶으면 어떻게 해야 하나요?

당신이 처음부터 여기까지 이 책을 공부했거나 읽었다면 당신은 죄인임을 알았고, 당신의 죄를 위해 예수님께서 십자가를 지시고 죽으셨다가 부활하셔서 당신의 죄에 대해 모든 값을 대신 지불하셨다는 것을 알게 되었을 것입니다. 당신은 그 예수님을 어떻게 영접하는가에 대해서도 알게 되었습니다. 그렇지만 아직 당신은 예수님을 영접하겠다고 결심하지 못했을 수도 있습니다. 만약 그렇다면 당신의 결심을 돕고 싶습니다.

"나도 예수님을 나의 주, 나의 하나님으로 믿어 거듭난 그리스도인으로 살고 싶은데, 아직 결단을 하지 못하겠습니다." 라는 마음이라면 이 과를 통해서 당신의 생애에 전환점을 만드십시오.

앞 과에서도 배운 것처럼 당신이 예수님을 믿고 싶으시다면 지금 예수님을 영접하시면 됩니다. 예수님은 당신을 만나기 위해 당신의 마음의 문을 두드리고 계십니다.

"볼지어다 내가 문 밖에 서서 두드리노니 누구든지 내 음성을 듣고 문을 열면 내가 그에게로 들어가 그와 더불어 먹고 그는 나와 더불어 먹으리라." (계 3:2)

이런 그림 보셨나요?

문은 굳게 닫혔고, 문에는 문고리마저 없는데, 문 밖에 서서 문을 두드리는 그림. 그 그림에는 예수님이 문 밖에 서서 문을 두드리고 서 계시는 모습이 그려져 있습니다.

예수님께서 각 사람의 마음의 문을 두드리는 것은 각각 다르게 다가옵니다. 어떤 사람에게는 위기라는 이름으로 오기도 합니다. 건강, 경제적인 문제, 자녀의 문제, 가정의 문제 그리고 전쟁이나 유행병 같은 위기 상황을 통해서 "예수님께서 나를 부르시는구나!" 하고 깨닫게 된 사람들의 경험이 많이 있습니다.

어떤 사람은 아는 그리스도인이나 목회자를 통해서 하나님께서 마음 문을 두드린다는 것을 깨닫기도 합니다.

어떤 사람은 스스로 성경을 읽다가 예수님께서 마음 문을 두드리는 것을 깨닫고 예수님을 만나기도 합니다.

어떤 사람은 누군가의 권유를 통해서, 혹은 스스로 교회에 출석하다 예수님을 만나기도 합니다.

당신의 결단을 돕기 위해서 마음의 문을 열고 예수님을 만난 두 사람의 경험을 소개합니다. 다음은 고든 스미스가쓴 「온전한 회심 그 7가지 얼굴」이라는 책에서 인용한 내용입니다.

먼저 유명한 철학자이자 신학자였던 어거스틴이 예수님을 만난 이야기입니다.

"어느 날인가, 나는 어디에선가 한 어린 아이가 '집어 들고 읽으세요. 어서 집어 들고 읽으세요.' 하고 소리치는 소리를 들었다. 롬 13장 13-14절이 나왔다. 거기에는 이렇게 적혀있었다. '낮에와 같이 단정히 행하고 방탕하거나 술 취하지 말며 음란하거나 호색하지 말며 다투거나 시기하지 말고 오직 주 예수 그리스도로 옷 입고 정욕을 위하여 육신의 일을 도모하지 말라.' 내가 이 말씀을 읽고 충격을 받았다. 그 충격은 즉각적으로 나타났다. 나에게는 좀 더 읽어봐야겠다는 마음도 들지 않았고, 더 읽어야 할 필요도 없었다. 왜냐하면 그 문장의 마지막 부분에 눈이 가는 순간, 마치 한 줄기 광선 같은 확신이 갑자기 내 마음 속으로 밀려들어와 온갖 어둠과 의심을 내 쫓아버렸다. 죄의 권세를 몰아내자 나에게는 기쁨이 넘쳐흘렀다."

다음은 고든 스미스의 같은 책에 있는 내용으로 자신이 목회하던 미국중부 온타리오라는 도시의 한 교회에서 있었던 밥 브루스터라는 사람이 예수님을 만난 이야기입니다.

"밥의 아내가 밥을 떠난 후에 밥은 자신의 친구들이 다니는 이 교회로 어린 두 딸을 데리고 왔다. 처음에 밥은 주일 예배동안 제일 뒷자리에 앉아 있었다. 두세 달이 지난 후에 밥은 훨씬 앞자리로 나왔다. 그리고 점차 다양한 방법으로 교회 활동에 참여했는데, 그 중에 하나가 바로 주일학교 보조교사였다. 여러 달이 흐르는 동안 목사인 나는 밥에게 그리스도인의 믿음에 대하여 아무 말도 하지 않았으며, 신앙적인 헌신에 대해서도 별다른 요청을 하지 않았다. 그런데 일 년이 지난 뒤, 밥이 느닷없이 나를 찾아와서는 침례를 받게 해달라고 했다. 밥의 신앙여정에 대하여 물었을 때, 밥이 말했다. 밥이 그리스도인 공동체에 들어와서 사랑받을 뿐만 아니라 교인들에 의해 자신이 받아들여진다고 느끼고 나서야 비로소 하나님의 사랑을 받아들이고 하나님께 자기 자신을 드리고 싶은 마음을 품었다는 것을 알게 되었다. 교회 공동체의 모습을 통해서 자연스럽게 예수님을 만나게 되었다."

위의 어거스틴과 밥의 경험은 특별한 개인적인 경험이지만, 이들처럼 대부분의 그리스도인들도 예수님을 만날 때 개인적인 경험을 갖게 됩니다. 이런 경험은 복음을 듣자마자 나타나는 경우도 있고, 오랫동안 교회생활을 하다가 경험하기도 합니다. 어거스틴과 비슷한 방법으로 예수님을 만나는 경우도 많지만, 더 많은 사람들은 밥처럼 자연스럽게 교회생활을 하다가 교회 공동체 안에서 살아계신 예수님을 만나게 됩니다. 어거스틴이나 마르틴 루터나 요한 웨슬러 같이 독특한 회심을 한 사람들도 예수님을 만나기 전에 신앙적인 영향을 받았으며, 성경을 연구하고, 기도생활을 하다가 하나님의 강한 임재를 경험했습니다. 예수님을 만난 사람들은 누구나 복음을 듣고, 설교를 통해서 하나님의 말씀을 듣고, 성경을 읽고, 성경을 배우고, 교회의 예배나 성경공부 모임, 기도 모임 등에 정규적으로 참여하는 사람들이었습니다.

당신도 정규적으로 예배에 참여하시기를 권합니다. 시간을 정해놓고, 규칙적으로 성경을 읽으십시오. 성숙한 그리스도인과 함께 보내는 시간을 점점 늘려 가십시오.

♣ 이해를 돕는 질문

1. 당신이 예수님을 마음에 영접하고 싶은 마음이 일어난다면 당신은 어떻게 하겠습니까?

2. 당신은 위의 글에서 본 어거스틴처럼 당신이 버려야할 것이 있다면 어떤 것들이 있습니까?(롬 13:13-14)

3. 위의 밥의 경우처럼 교회에 규칙적으로 출석하시기를 권합니다. 당신은 지금 규칙적으로 교회에 나가기로 결단하시겠습니까?

♣ 기도

주님,

저에게 하나님께로 나아갈 수 있는 용기를 주옵소서. 제 마음을 열고 결단할 수 있도록 도와주옵소서. 성령께서 하나님의 사랑과 계획을 경험할 수 있도록 감동을 주옵소서. 저의 마음을 열 수 있는 믿음과 용기를 주시옵소서. 어거스틴처럼 말씀을 통해서 하나님의 이끄심을 경험하게 하시든지, 밥처럼 교회 안에서 하나님의 역사하심을 경험하게 하옵소서. 저의 마음이 너무 둔해서 하나님을 느끼지 못하지 않도록 성령께서 저에게 깨달음을 주옵소서. 저의 눈과

귀와 모든 감각이 너무 무디어서 하나님의 역사하심을 놓치지 않도
록 도와주옵소서.
예수님의 이름으로 기도합니다. 아멘

♣ 지난주 '스스로 해보기' 잘하셨나요?

1. 제10과 읽기 (   ) 대박이다! ^_^

(   ) 헐~! >_<

(   ) 뭥미! ㅠㅠ

2. 성경읽기 (   ) 대박이다! ^_^

(   ) 헐~! >_<

(   ) 뭥미! ㅠㅠ

♣ '스스로 해보기' 입니다.

1. 오늘 공부한 제11과를 다시 한 번 꼼꼼히 읽어보세요.

2. 요한복음 11장을 읽고 중요한 곳에 밑줄을 긋고, 질문이 있으면 메모해
오세요.

주님을 만진 것처럼, 본 것 것처럼

"본래 하나님을 본 사람이 없으되 아버지 품속에 있는 독생하신 하나님이 나타내셨느니라"(요 1:18)

구약의 사람들은 믿음의 실체를 보지 못했다. 그저 모형 정도만, 어렴풋이 설계도 정도만 가지고 하나님을 믿었는데, 신약시대의 우리는 성자 예수님께서 직접 이 땅에 오셔서 하나님의 실체를 성경을 통해서 구체적으로 보고 믿는다. 얼마나 놀랍고 감격스러운 사건인가?

나 또한 예수님의 모습을 보지 못했지만 성경을 통해서 보고, 생생하게 주님을 만난다. 이 땅에 살다가 우리를 위해 죽으신 주님, 그리고 그 십자가를 믿음으로 변화된 사람들의 삶을 통해 나타내주신 주님을 직접 듣는 것처럼, 본 것처럼, 만진 것처럼 성령께서 주시는 믿음으로 그 실체를 믿는 믿음을 주심에 감사한다.

하지만, 어느 순간 나의 시선이 다른 것을 향하다가 그만 주님을 놓치고, 주님을 느끼지 못할 때가 있다. 어느 순간 나의 마음이 일에 빼앗기고, 취미에 빼앗기고, 다른 많은 관심거리들에 빼앗겨서 주님을 느끼지 못할 때가 있다. "이제는 안 그래야지, 앞으로는 안 그래야겠지" 라고 다짐하고, 또 다짐을 해도 나도 모르는 순간에 그렇게 되곤 한다. 주님과의 관계에 실패한 나를 보며 참으로 안타깝고, 실망하고 또 실망하면서도 겸연쩍게 일어나서 다시 주님께 기도한다.

"주님, 제가 주님을 만지고 있는 것처럼, 손을 잡고 함께 걷는 것처럼 그렇게 생생하게 주님의 임재하심을 느끼게 해주십시오. 다른 것에 눈과 마음이 팔려 잠시 저의 마음이 주님을 놓쳤다고 하더라도 주님은 언제나 저를 잡고 계심을 느끼고 빨리 주님의 품으로 달려갈 수 있는 용기를 주십시오. 그때, 곧바로 주님을 느끼게 해주십시오. 눈앞에 주님이 계신 것처럼, 주님의 팔로 안아주시는 그 따사로움을 느끼게 해주십시오. 그러나 어떤 경우에도 느낌이 아니라 말씀을 통해서 주님을 알게 해주세요."

제12과 예수님을 믿는 사람에게도 어려움이 닥치나요?

예수 그리스도를 믿는 사람을 신자, 혹은 그리스도인이라고 부릅니다.(행 11:26) 예수님을 믿는 그리스도인에게도 어려움이 닥치게 됩니다. 그리스도인들이 당하는 어려움을 흔히 시험이라고 합니다.

1. 시험은 누가 주는 걸까요?

그리스도인의 삶은 행복하고, 평안하고, 풍성한 삶이지만 그 가운데도 간혹 시험을 당하게 됩니다. 그 시험은 대부분 사탄 혹은 마귀로부터 오게 됩니다.(마 4:1). 이제 막 예수님을 믿고 그리스도인으로 살아가려고 하는 사람에게도 시험이 옵니다. 그 이유는 사탄의 영향권 아래에 있던 사람이 예수님을 믿음으로 자기의 영향권에 있던 사람을 잃게 될 것이라는 것을 알고 계속해서 영향력을 행사하려는 시도라고 할 수 있습니다. "길 가에 있다는 것은 말씀을 들은 자니 이에 마귀가 가서 그들이 믿어 구원을 얻지 못하게 하려고 말씀을 그 마음에서 빼앗는 것이요." (눅 8:12) 전도를 하면서 이런 경험을 자주하게 됩니다. 예수님을 믿겠다고 마음을 결단하려고 할 때, 결단을 못하도록 가로 막는 일들이 발생하는 것을 종종 봅니다. 약속을 잘 지키던 사람도 예배에 참석하겠다는 약속은 쉽게 깨는 것을 보게 됩니다. 이미 믿는 그리스도인들의 간증을 통해서도 자신이 믿음의 첫걸음을 시작할 때 그런 유형무형의 문제들에 가로막혔던 경험이 있었다는 것을 듣게 됩니다. 또한 마귀는 그리스도인들을 향해서 끊임없이 허점을 찾아 공격합니다. "근신하라 깨어라 너희 대적 마귀가 우는 사자 같이 두루 다니며 삼킬 자를 찾나니" (벧전 5:8).

그러나 염려할 필요가 없습니다. 이미 예수 그리스도께서 십자가와 부활을 통해서 사탄을 이기셨습니다. 예수님은 죽음도 이기셨습니다. 그리고 성령께서 우리와 함께 하시겠다고 약속하셨습니다.(요 14:16) 또한 하나님께서 친히 모든 시험을 이기게 하시고, 피할 길을 주시겠다고 약속하셨습니다.(고전 10:13)

하나님은 시험을 통해서 그리스도인으로 하여금 하나님을 의지하고 따르게 하셔서 성숙하게 하십니다.(롬 5:3,4)

2. 시험은 어떤 경로와 과정을 통해서 올까요?

1) 주변 사람들을 통해서 오는 경우가 많습니다.(잠 1:10, 고전 15:33).
2) 경제적인 문제를 통해서 오기도 합니다.(잠 30:9, 마 4:2-3).
3) 인간의 명예욕, 소유욕 그리고 성적인 욕구를 통해서 오기도 합니다.(요일 2:16, 잠 30:9, 마 4:8).
4) 호기심이나 의심하는 마음을 자극하기도 합니다.(마 4:3)
5) 유일하신 하나님만 믿는 것은 잘못 된 것이라는 마음을 갖게하여 우상숭배의 길로 들어서게 합니다.(단 3:1-10, 마 4:9)

3. 왜 사탄은 그리스도인들을 시험할까요?

그리스도인으로 하여금 범죄하게 만들어, 죄로 인해 좌절하고 하나님을 배반하고 믿음을 버리게 만들어 계속해서 자기의 영향권 아래에 두려는 것입니다. 다시 말하면 그리스도인들의 믿음을 약화시키거나 믿음을 버리게 하거나 멸망의 길로 가게 만드는 것입니다. 마귀는 사람들이 믿음이 흔들리거나 아예 잃어버리는 것을 기뻐하는 자입니다.

시험은 자기 내면 세계를 자극하여 오기도 합니다. 내면으로부터 오는 시험은 욕심을 자극해서 결국 믿음에서 실패하게 만듭니다. "오직 각 사람이 시험을 받는 것은 자기 욕심에 끌려 미혹됨이니 욕심이 잉태한즉 죄를 낳고 죄가 장성한즉 사망을 낳느니라." (약 1:14-15)

4. 그러나 하나님은 그리스도인에게 닥치는 모든 시험과 시련을 통해 믿음을 연단시키시기도 합니다.

하나님은 그리스도인의 성장을 위해서 환경과 시험이라는 연단의 과정을 사용하시기도 합니다. 그리스도인이 시험을 잘 통과할 때 믿음이 성장하게 되고, 모든 시련의 과정은 결국 그리스도인의 영적성장을 가져다줍니다.

"하나님이여 주께서 우리를 시험하시되 우리를 단련하시기를 은을 단련함 같이 하셨으며" (시 66:10)

"그러므로 너희가 이제 여러 가지 시험으로 말미암아 잠깐 근심하게 되지 않을 수 없으나 오히려 크게 기뻐하는도다. 너희 믿음의 확실함은 불로 연단하여도 없어질 금보다 더 귀하여 예수 그리스도께서 나타나실 때에 칭찬과 영광과 존귀를 얻게 할 것이니라." (벧전 1:6-7)

"사랑하는 자들아 너희를 연단하려고 오는 불 시험을 이상한 일 당하는 것 같이 이상히 여기지 말고 오히려 너희가 그리스도의 고난에 참여하는 것으로 즐거워하라 이는 그의 영광을 나타내실 때에 너희로 즐거워하고 기뻐하게 하려 함이라." (벧전 4:12-13)

5. 그리스도인이 어떻게 시험을 이길 수 있을까요?

시험이 올 때 먼저 그리스도인이 알아야 할 것은 하나님께서는 감당할 수 있는 시험만 허용하신다는 것을 알아야 합니다.(고전 10:13a) 그리고 시험을 당할 때, 하나님께서 피할 길을 주시며(고전 10:13b), 경건한 그리스도인은 시험에서 건져주십니다.(벧후 2:9). 또한 믿음으로 시험을 이기게 하십니다. (엡6:16). 그리고 모든 그리스도인들이 알아야 할 것은 믿음은 마귀를 이기는 무기이며, 세상에서 승리할 수 있는 힘입니다.(요일 5:4) 또한 시험을 이길 수 있는 비결은 기도입니다.(마 26:41)

그리스도인이 시험을 통과하면 그 시험이 오히려 큰 복이 됩니다. 시험을 통과한 그리스도인은 믿음의 연단을 받아 성숙한 성도가 되고(약 1:3), 인내를 배우게 되며(약 1:4), 인격적으로 온전해지고(약 1:44), 주님 앞에서 인정받게 되며(약 1:12a), 결국은 생명의 면류관을 받게 됩니다.(약 1:12)

그리스도인이 믿음 안에서 하나님의 뜻대로 살면 그리스도인의 삶에서 만나는 모든 일들은 어떤 형태로 오든지 하나님께서 최선을 이루어주십니다.

"우리가 알거니와 하나님을 사랑하는 자 곧 그의 뜻대로 부르심을 입은 자

들에게는 모든 것이 합력하여 선을 이루느니라.” (롬 8:28)

따라서 그리스도인은 어떤 고난을 만난다고 하더라도 믿음에서 흔들리지 말고 하나님을 의지해야 합니다. 우리가 당하는 어떤 고난도 장차 하나님께서 우리에게 주실 영광과는 비교할 수 없습니다.

“생각하건대 현재의 고난은 장차 우리에게 나타날 영광과 비교할 수 없도다.” (롬 8:18)

♣ 이해를 돕는 질문

1. 시험은 대부분 누가 주는 걸까요?(마4:1)

2. 시험은 어떻게 오는지 함께 말해보세요.

3. 당신이 시험을 당할 때 어떻게 그 시험을 이길 수 있을까요?

4. 그리스도인이 시험을 통해서 얻을 수 있는 유익은 무엇일까요?

주님,

저에게도 시험이 올 수 있다는 것을 깨닫게 해주셔서 감사합니다. 시험이 온다할지라도 염려하지 않고, 하나님 아버지께서 제가 감당할 수 없는 시험 당함을 허락지 아니하시고, 그리고 시험을 당할 때에 피할 수 있는 길을 주셔서 능히 감당해 낼 수 있는 약속과 믿음을 주셔서 감사합니다. 제가 주님을 믿고, 주님의 자녀로 살 때 저에게 설령 고난이 온다 할지라도 현재 당하는 고난은 다가올 주님이 주시는 영광과 비교할 수 없는 것임을 알게 하옵소서. 시험을 겁내지도, 두려워하지도 않게 하시며, 이제 시험이 오지 않을 것이라는 교만함이나 자만심을 갖지 않게 하옵소서. 항상 겸손히 하나님의 인도하심과 말씀에 순종하며 살게 하옵소서.

예수님의 이름으로 기도합니다. 아멘

♣ 지난주 '스스로 해보기' 잘하셨나요?

1. 제11과 읽기 (   ) 대박이다! ^_^

(   ) 헐~! >_<

(   ) 뭥미! ㅠㅠ

2. 성경읽기 (   ) 대박이다! ^_^

(   ) 헐~! >_<

(   ) 뭥미! ㅠㅠ

♣ '스스로 해보기' 입니다.

1. 오늘 공부한 제12과를 다시 한 번 꼼꼼히 읽어보세요.

2. 요한복음 12장을 읽고 중요한 곳에 밑줄을 긋고, 질문이 있으면 메모해 오세요.

약할 때 강함 주시는 하나님

"또 너희 다섯이 백을 쫓고 너희 백이 만을 쫓으리니 너희 대적들이 너희 앞에서 칼에 엎드러질 것이며" (레 26:8)

그리스도인은 영적싸움의 현장에 서 있는 사람들이다. 하나님의 백성은 평화를 원하지만 하나님 없는 세상은 끊임없이 싸움을 걸어온다. 그리스도인의 삶은 그 자체가 영적싸움이다. 이제 막 신앙생활을 시작한 성도에게는 그에 걸 맞는 싸움을 걸어온다. 교회 가는 것보다 더 재미있고 의미 있는 일이 있다고 마음을 자극한다. 교인들을 만나면 피곤하지 않느냐, 힘들지 않느냐고 다정하게 속삭여준다. 성숙한 성도에게는 성숙한 성도에게 걸 맞는 싸움을 걸어온다. 말씀을 따라 살면, 말씀을 따라 사는 것이 뭐가 중요하느냐고 바보처럼 사느냐고 싸움을 걸어온다. 기도하면, 기도하는 것보다 시급하고, 중요한 것들이 있다고 왜 기도하며 시간 낭비하느냐고 바보취급하면서 싸움을 걸어온다. 하나님께 나아가지 못하도록 하나님께 맡기지 못하도록 우리를 막는다. 이 모두가 영적싸움이다. 우리에게 싸움을 걸어오는 대상은 눈에 보이거나 보이지 않거나 실존하는 세력이다. 이 세력들을 앞에 두고 우리가 하나님을 의지하면 우리를 대신해서 하나님이 싸워주신다. 하나님이 대신 싸워주시면 "다섯이 백을 쫓고, 백이 만을 쫓을 수" 있다. 예수님이 우리 대장되시면 우리를 좌절시키고, 쓰러지게 하려는 어떤 세력도 물리칠 수 있다. 사탄은 이미 패했다. 예수 그리스도의 부활은 모든 사망권세를 이기셨음을 우주적으로 선포하신 것이다. 예수님께로 가면, 예수님의 손을 잡으면, 예수님의 품에 거하면, 예수님을 우리 삶의 중심에 모시면 우리는 이미 승리한 것이다. 우리도 모세처럼, 여호수아처럼, 다윗처럼, 사도행전 속의 사람들처럼 승전보를 써내려갈 수 있다. 그들이 살았던 것처럼 하나님의 사람으로, 주 예수의 사람으로 산다면 말이다.

II 부

제1과 성경을 찾을 때, 이렇게 찾아보세요.

1. 먼저 성경의 목차를 익혀야 합니다.

신약성경과 구약성경의 첫 쪽에 목차가 나오는데 그 순서를 익혀두시면 좋습니다. 예를 들면 구약에서는 창세기, 출애굽기, 레위기 순으로, 신약에서는 마태복음, 마가복음, 누가복음 등의 순으로 되어 있습니다. 이 순서를 익혀두면 성경을 읽을 때, 성경구절을 찾아볼 때, 성경공부할 때, 그리고 설교를 들을 때 아주편리합니다. 처음 성경을 대할 때는 생소하지만 성경을 접하는 횟수가 많아질수록 점점 익숙해지게 될 것입니다. 이를테면 「잠언」이라 하면 구약 성경 어느 정도에 있다는 것을 쉽게 생각해 낼 수 있게 됩니다. 그 다음에는 성경 이름의 '약자' 들도 기억해두면 많은 도움이 됩니다.

2. 성경의 구성을 알아두십시오.

(1) 구약

구약의 처음 책은 창세기이며, 창세기부터 5권의 책(창세기, 출애굽기, 레위기, 민수기, 신명기)을 모세5오경이라고 하고, 여호수아부터 에스더까지 12권의 책(여호수아, 사사기, 룻기, 사무엘상, 사무엘하, 열왕기상, 열왕기하, 역대상, 역대하, 에스라, 느헤미야, 에스더)을 역사서라고 합니다. 욥기부터 5권의 책(욥기, 시편, 잠언, 전도서, 아가서)을 시가서라고 하고, 이사야에서부터 다니엘까지를 5권의 책(이사야, 예레미야, 예레미야 애가, 에스겔, 다니엘)을 대선지서(책이 길다고 붙여진 이름)라고 하고, 호세아부터 말라기까지 12권(호세아, 요엘, 아모스, 오바댜, 요나, 미가, 나훔, 하박국, 스바냐, 학개, 스가랴, 말라기)을 소선지서라고 합니다. 그러니까 구약은 시가서(5권)를 중심으로 앞에 17권의 책 즉 모세5경과 역사서, 뒤에 17권의 선지서가 있습니다. (5+12)+(5)+(5+12)해서 39권입니다.

(2) 신약

신약은 마태복음으로 시작해서 마태복음, 마가복음, 누가복음을 공관복음이라고 하고, 3복음서 다음에 요한복음이 있는데, 요한복음을 포함해서 4복음서라고 합니다. 그리고 사도행전이 있고, 다음이 바울이 편지 형식으로 기록했다고 해서 바울서신이라고 부르는 서신서들이 있습니다. 바울서신은 13권입니다. 그 책들의 이름은 로마서, 고린도전서, 고린도후서, 갈라디아서, 에베소서, 빌립보서, 골로새서, 데살로니가전서, 데살로니가후서, 디모데전서, 디모데후서, 디도서, 빌레몬서입니다.

그 다음은 기록자가 정확하지 않은 히브리서와 여러 사도들이 편지 형식으로 기록한 책들인데 이 책들을 일반서신이라고 부릅니다. 일반서신은 8권입니다. 그 책들의 이름은 히브리서, 야고보서, 베드로전서, 베드로후서, 요한1서, 요한2서, 요한3서, 유다서입니다.

그리고 신약성경의 마지막 책은 요한계시록입니다.

신약은 27권으로 되어 있습니다. 이렇게 기억하면 쉽습니다. 3X9(구약)=27(신약), 합하면 66권입니다.

3. 성경의 표기 방법을 익혀두십시오.

기독교 서적이나 설교문 등에 성경을 인용할 때 흔히 성경의 약자를 사용합니다. 예를 들면 창세기 하면 '창' 이라고 기록하고, 마태복음은 '마' 로, 마가복음은 '막' 으로 표시합니다. 교회 주보 등에 '창 3:15-24' 라고 쓰인 것은 '창세기 3장 15절에서 24절까지' 라는 표기입니다. 예배나 성경공부 모임에 열심히 참석하고, 꾸준히 성경을 읽으면 곧 익숙해질 것입니다. (아래 표 참조)

구분			책이름
성경 66권	구약 39권	모세오경 (5권)	창세기(창), 출애굽기(출), 레위기(레), 민수기(민), 신명기(신)
		역사서 (12권)	여호수아(수), 사사기(삿), 룻기(룻), 사무엘상(삼상), 사무엘하(삼하), 열왕기상(왕상), 열왕기하(왕하), 역대상(대상), 역대하(대하), 에스라(스), 느헤미야(느), 에스더(에)
		시가서 (5권)	욥기(욥), 시편(시), 잠언(잠), 전도(전), 아가(아)

	대선지서(5권)	이사야(사), 예레미야(렘), 예레미야애가(애), 에스겔(겔), 다니엘(단)
	소선지서(12권)	호세아(호), 요엘(욜), 아모스(암), 오바댜(옵), 요나(욘), 미가(미), 나훔(나), 하박국(합), 스바냐(습), 학개(학), 스가랴(슥), 말라기(말)
	4복음서(4권)	마태복음(마), 마가복음(막), 누가복음(눅), 요한복음(요)
	역사서(1권)	사도행전(행)
신약 27권	바울서신(13권)	로마서(롬), 고린도전서(고전), 고린도후서(고후), 갈라디아서(갈), 에베소서(엡), 빌립보서(빌), 골로새서(골), 데살로니가전서(살전), 데살로니가후서(살후), 디모데전서(딤전), 디모데후서(딤후), 디도서(딛), 빌레몬서(몬)
	공동서신(8권)	히브리서(히), 야고보서(약), 베드로전서(벧전), 베드로후서(벧후), 요한일서(요일), 요한이서(요이), 요한삼서(요삼), 유다서(유)
	예언서(1권)	요한계시록(계)

"또 어려서부터 성경을 알았나니 성경은 능히 너로 하여금 그리스도 예수 안에 있는 믿음으로 말미암아 구원에 이르는 지혜가 있게 하느니라. 모든 성경은 하나님의 감동으로 된 것으로 교훈과 책망과 바르게 함과 의로 교육하기에 유익하니 이는 하나님의 사람으로 온전하게 하며 모든 선한 일을 행할 능력을 갖추게 하려 함이라.(디모데후서 3장15-17절)

♣ 이해를 돕는 질문

1. 당신은 예배시간이나 성경을 읽으려고 할 때 누군가의 도움을 받지 않고도 성경구절을 자유롭게 찾을 수 있습니까?

2. 당신은 성경의 구성을 알고 있습니까? 구약과 신약으로 나누어 정리해보세요.

   1) 구약

   2) 신약

3. 성경은 몇 권의 책으로 이루어져 있습니까?

♣ 기도

   주님,

   제가 하나님의 말씀인 성경과 더욱 친해지고, 성경을 가까이 할 수 있도록 도와주옵소서. 성경을 읽을 때 말씀이 생생하게 느껴지게 하시고, 성경을 읽는 기쁨이 점점 더 커지게 하옵소시. 성경 속에서 진리를 발견하고, 성경과 더 친해질 수 있는 기회를 많이 주옵소서. 성경을 읽는 시간을 아까워하지 않게 하시며, 어떤 오락시간 보다, 어떤 취미생활보다 즐거운 시간이 되게 하여주옵소서.

   예수님의 이름으로 기도합니다. 아멘

♣ 지난주 ‘스스로 해보기’ 잘하셨나요?

  1. 제1부 12과 다시읽기 (   ) 대박이다! ^_^

                              (   ) 헐~! >_<

                              (   ) 뭥미! ㅠㅠ

  2. 성경읽기 (   ) 대박이다! ^_^

                  (   ) 헐~! >_<

                  (   ) 뭥미! ㅠㅠ

♣ ‘스스로 해보기’ 입니다.

  1. 오늘 공부한 제1과를 다시 한 번 꼼꼼히 읽어보세요.

  2. 요한복음 13장을 읽고 중요한 곳에 밑줄을 긋고, 질문이 있으면 메모해
오세요.

하나님이 감동 주셨기 때문입니다.

"모든 성경은 하나님의 감동으로 된 것으로 교훈과 책망과 바르게 함과 의로 교육하기에 유익하니 이는 하나님의 사람으로 온전하게 하며 모든 선한 일을 행할 능력을 갖추게 하려 함이라." (딤후 3:16-17)

성경은 읽으면 읽을수록 신비롭다. 성경속의 예수님, 성경속의 사람들을 만나면 만날수록 더욱더 신비로움을 느낀다. 예수님 빼고는 이 땅에 살았던 그 누구도 이 책의 내용을 말하기에 충분한 만큼 인격적인 사람도, 이 책을 생각해 낼 만큼 지혜로운 사람도, 이 책을 디자인할 만큼 통찰력을 가진 사람도, 이 책에 기록된 만큼의 역사적 혜안을 가진 사람도 없었다. 설령 어느 하나를 갖춘 사람이 있다손 치더라도 모두를 갖춘 분이 계시다면 바로 그분은 하나님이시다. "모든 성경은 하나님의 감동으로 된 것으로" 라는 성경의 관점을 일단 접어둔다 할지라도 성경은 정말 놀랍다. 성경과의 만남을 통해 예수님을 만나고 하나님을 만난다. 예수님을 만난 사람들은 그 인격이 바뀌고, 삶이 바뀌고, 미래가 바뀌었다. 예수님을 만난 후 성령으로 말미암아 모든 것이 변했다. 인격이 변하는 것이 이 책의 주제가 아닌데도 이 책은 인격을 바꾸었다. 이 책은 단지 희망을 말하는 책이 아닌데도 꿈이 생기고, 소망을 잉태하고, 무한히 미래를 향해 질주하게 만든다. 이 책은 사람의 작품이 아니다. 사람의 손으로 쓰고, 사람의 손으로 만들었다고 하더라도 사람의 역량을 넘은 것이다. 나는 이 책, 바로 성경을 통해 하나님을 만난 후에 이 책이 하나님의 편지, 하나님의 음성, 하나님의 가르침, 하나님의 속삭임이라는 것을 알게 되었다. 내가 성경을 알고 나서 보니 성경은 정말 하나님의 말씀이었다.

제2과 성경, 이렇게 만나세요!

여행을 계획하고 준비하다보면 챙겨야할 것들이 많습니다. 챙겨야할 것들 중에서도 정말 중요한 것이 있습니다. 흔히 간과해 버릴 수 있지만 중요한 것이 두 가지가 있습니다. 첫째는, 여행지에 대한 사전 지식입니다. 여행지에 대해서 아는 만큼 보이고, 보이는 만큼 느낄 수 있습니다. 보고 느낀 것만큼 여행을 한 것입니다. 같은 여행지를 여행하고도 얘깃거리가 많은 사람이 있고, 얘깃거리가 없는 사람이 있습니다. 둘째는, 여행지에 대해 잘 알고 있는 사람의 안내를 받는 것입니다. 안내를 받으면 시간과 경비를 절약하고, 좀 더 깊이 있는 여행을 하게 됩니다. 성경을 읽을 때도 염두에 두어야 할 것들이 많이 있습니다. 그 중에서 두 가지만 살펴보겠습니다.

1. 성경 안내서와 성숙한 그리스도인들의 안내와 도움을 받으십시오.

성경을 읽기 전에 여행지에 대한 사전 정보를 얻듯이 이미 좋은 자료로 인정된 성경읽기에 필요한 보조적인 자료들을 이용하십시오. 이런 자료들로는 성경개관, 성경핸드북, 성경지도, 성경안내서 등이 있습니다. 목회자나 성숙한 그리스도인들의 추천을 받아서 준비하세요.

그리고 「성경핸드북」의 저자이며, 주일학교 교사, 청년 사역을 통해 훌륭한 주님의 제자들을 양육했던 미어즈 박사는 이렇게 말합니다. "에덴동산으로부터 시내산, 갈보리산을 지나 새 하늘과 새 땅까지, 그리고 바벨탑을 쌓던 시날 평지에서부터 그 큰 성 바벨론이 무너지고 하늘의 새 예루살렘까지, 시조 아담으로부터 큰 백보좌에 앉으신 심판 주 앞에 서서 알현하기까지를 안내자의 도움말이 필요합니다." 성경을 읽을 때 성경 속으로 잘 안내해줄 성숙한 그리스도인들의 조언을 들으면서 읽으면 좋습니다. 목회자나 성숙한 그리스도인들의 경험이나 안내를 받으면서 읽으세요. 관광지에서 가이드의 도움을 받는 것처럼 말입니다.

교회에 나오면 설교를 통해서 그리고 목장모임과 같은 성경공부모임이나 공동체활동을 통해서 자세하고 친절하게 안내받을 수 있습니다.

2. 성경을 읽을 때 이런 것들을 염두 해두고 읽으십시오.

(1) 꾸준히 읽으세요.

평생 성경을 가까이 하면서 배우려는 마음을 가져야합니다. 가능하면 시간을 정해놓고 규칙적으로 읽어야 합니다. "평생에 자기 옆에 두고 읽어서 그 하나님 여호와 경외하기를 배우며 이 율법의 모든 말과 이 규례를 지켜 행할 것이라"(신명기 17장19절).

(2) 성경을 읽을 때 다양한 읽기방법들을 사용하세요. 때론 눈으로, 때론 소리 내어, 때론 선포하듯이 읽으면 좋습니다. 성경은 다양한 문학적 장르가 두루 포함되어 있습니다. 문학적 특성을 살려서 읽으면 더욱 좋습니다. 때로는 여러 명이 입체낭독을 할 수도 있습니다.

(3) 성경에서 "하라!"고 말씀하는 것들이나 "하지 말라!"고 말씀하는 것들에 밑줄을 긋거나 표시를 하면서 읽으세요. 밑줄 그은 말씀은, 그 말씀에 순종하겠다는 마음을 가지고 읽으세요. 성경을 읽을 때 지식을 습득하기 위해서 읽는 것이 아니라 그 말씀대로 살기 위해서 읽어야 합니다. 성경에서 명령하는 것은 실천하고, 성경의 약속을 믿어야 하며, 성경 속에 펼쳐진 사건들이 바로 당신을 향한 사건임을 바라보며 읽어야 합니다.

(4) 질문을 가지고 성경을 읽으십시오. "이 말씀은 누가 말한 것일까? 이 말씀은 어디서 말한 것일까? 이 말씀은 누구를 향하여 한 말한 것일까? 이 말씀을 통해서 말하려고 한 내용은 무엇일까? 내가 실천하고, 내가 바꾸어야 할 태도나 행동은 무엇일까?"라고 끊임없이 질문들을 던지면서 읽으세요. 성경을 읽을 때 질문이 많을수록 말씀을 더 잘 들을 수 있습니다.

(5) 성경을 읽을 때 예수님에 초점을 맞추어 읽으세요.

♣ 이해를 돕는 질문

1. 당신이 성경을 읽다가 궁금한 것이 있을때 마음 편히 물어볼 수 있는 안내자가 있습니까?

2. 성경을 읽을 때 기억해야할 것 5가지는 무엇입니까?
   1)
   2)
   3)
   4)
   5)

3. 당신이 성경을 읽을 때 가장 많이 느끼는 것은 무엇입니까?

♣ 기도

　주님,
　제가 성경을 읽을 때 성경의 내용을 잘 이해할 수 있도록 성령께서 도와주시고, 더 많은 깨달음을 얻을 수 있도록 지혜를 주옵소서.
　제가 성경을 읽다가 궁금할 때마다 도움을 얻을 수 있는 좋은 안내자와 좋은 책을 만날 수 있게 하여주옵소서. 성경을 더 잘 배울 수 있는 기회를 주시고, 성경을 배울 때 지식을 쌓는 것보다 아는 것만큼 삶으로 살아내는 법을 가르쳐주옵소서. 성경을 공부하고, 읽을 때 성경을 저의 삶과 연결시켜 생각할 수 있도록 인도해주옵소서.

성경을 읽고, 공부하고, 설교를 들을 때 하나님께서 하시고자하는 말씀을 놓치지 않게 해주옵소서. 예수님의 이름으로 기도합니다. 아멘

♣ 지난주 '스스로 해보기' 잘하셨나요?

1. 제1과 다시읽기 (   ) 대박이다! ^_^

(   ) 헐~! >_<

(   ) 뭥미! ㅠㅠ

2. 성경읽기 (   ) 대박이다! ^_^

(   ) 헐~! >_<

(   ) 뭥미! ㅠㅠ

♣ '스스로 해보기' 입니다.

1. 오늘 공부한 제2과를 다시 한 번 꼼꼼히 읽어보세요.

2. 요한복음 14장을 읽고 중요한 곳에 밑줄을 긋고, 질문이 있으면 메모해 오세요.

안에서도, 밖에서도

"오늘 내가 네게 명하는 이 말씀을 너는 마음에 새기고 네 자녀에게 부지런히 가르치며 집에 앉았을 때에든지 길을 갈 때에든지 누워 있을 때에든지 일어날 때에든지 이 말씀을 강론할 것이며 너는 또 그것을 네 손목에 매어 기호를 삼으며 네 미간에 붙여 표로 삼고 또 네 집 문설주와 바깥 문에 기록할지니라." (신 6:6-9)

나이를 먹어도 나는 여전히 아이 같음이 있다. 한두 가지를 더 배운다고 해도 여전히 모르는 것 투성이다. 조금 말을 삼가고, 행동을 절제한다고 해도 온전해질 수 없는 나를 발견한다. 결국 말씀을 따라서 살아야만 한다. 말씀을 마음에 새기고, 삶에 말씀이 앞서가게 하고, 말씀과 동행해야 반듯하게 갈 수 있는 인생이다.

안에서나 밖에서나 말씀이 나를 이끌어야만 한다. 하나님의 성령이 아니고는 나를 변화시킬 수 없다. 중생의 변화로 하나님의 자녀가 되고, 이제는 하나님의 영으로 기록된 말씀을 따라 하나님의 인격을 닮아가게 된다. 성령은 말씀을 통해서 역사하신다. 예수께서 보여주신 삶을 아주 조금이나마 살 수 있는 것도 말씀이 나를 두르고 있을 때 가능하다.

설교하는 자로서, 말씀을 가르치는 자로서 내가 먼저 이 말씀에 충성하고, 그리고 이 말씀에 충성스럽게 따르는 자들을 키워내고 싶다. 말씀을 해석하고, 해석된 말씀을 나의 언어로 선포하기 전에 이 말씀이 살아 있는 말씀이며, 실제로 이 말씀대로 살 수 있음을 나의 몸으로 경험하고, 그 경험 속에서 말씀을 나누고 싶다. 말씀에 대한 철저한 헌신이 단순히 의지와 절제와 훈련의 산물로 그치지 않고, 은혜와 성령의 이끄심을 누리고 싶다.

제3과 이제 성경을 읽어볼까요?

왜 성경을 읽어야 할까요?

성경은 하나님께서 바로 당신을 향해서 하신 말씀이기 때문에 읽어야 합니다. 성경은 하나님께서 당신의 뜻과 계획을 우리 인간에게 보여주시는 계시 (reveal)의 기록입니다. 계시라는 말은 "나타낸다, 드러낸다, 보이게 한다."는 말입니다. 성경은 하나님께서 자신을 우리에게 "나는 누구다"라고 드러내 보여주시는 말씀입니다.

성경은 하나님이 어떤 분인지를 말씀해주실 뿐만 아니라 또한 우리가 누구인가를 알게 해줍니다. 내가 어떤 사람이며, 내가 어디에 놓여 있으며, 내가 어떤 상황에 처해있는지를 알게 해줍니다. 그리고 앞으로 "내가" 어떻게 살아야 하는지를 제시해주는 책입니다.

또한 성경을 읽을 때 당신은 하나님께서 당신에게 무슨 약속을 하셨으며, 무엇을 하라고 명령하셨고, 무엇을 고치거나 버리라고 말씀하시는지 꼼꼼히 챙기며 읽으십시오. 성경은 또한 우리 한 사람, 한 사람에게 수많은 복을 약속하셨으며, 우리와 함께 하시겠다고 약속하고 있습니다. 당신이 하나님을 아는 만큼 그 약속을 누릴 수 있고, 하나님이 예비하신 풍성한 삶을 경험할 수 있습니다. 하나님을 아는 것이 인생에서 가장 큰 행복이며, 기쁨이 될 수 있습니다. '하나님을 아는 것' 그 자체가 인생의 가장 큰 목적이 될 수 있으며, 하나님을 아는 것이 가장 복된 일입니다. 그래서 바울은 다음과 같이 말했습니다. "내 주 그리스도 예수를 아는 지식이 가장 고상하기 때문이라." (빌립보서 3장8절).

우리는 성경을 통해서 하나님을 알고, 예수 그리스도를 만날 수 있습니다. 우리는 예수 그리스도를 통해 무궁무진한 보화들을 누릴 수 있습니다.(골로새서 2장3절) 성경은 지혜의 보고입니다. 성경을 읽으면 모든 인간관계의 지혜를 얻을 수 있습니다. 부부관계, 부모와 자식의 관계, 친구관계, 국가와 국민의 관계, 상사와 부하의 관계 등등 모든 관계의 지혜를 주십니다. 또한 성경은 미래를 볼 수 있는 안목을 주시고, 참다운 삶이 무엇인가를 가르쳐주는 책입니다.

"너희가 은을 받지 말고 나의 훈계를 받으며 정금보다 지식을 얻으라."(잠언 8장10).

"지혜를 얻는 것이 금을 얻는 것보다 얼마나 나은 고 명철을 얻는 것이 은을 얻는 것보다 더욱 나으니라."(잠언 16장16절).

미어즈의 「성경 핸드북」에 보면 "성경 뒤에, 성경 밑에, 성경 위에, 성경 너머에 하나님이 계신다."는 말이 있습니다. 성경에는 글로 쓰여 있는 것 이상이 담겨져 있는 책입니다. 성경을 읽으면서 예수님을 발견하고, 예수님을 만나야 합니다. 성경에는 하나님의 아들 예수 그리스도께서 우리를 위해 이 땅에 오실 것과 그리고 이 땅에 오셔서 우리의 죄를 위해서 죽으실 것을 쓰고 있습니다. 실제로 예수님이 2,000년 전에 이 땅에 오셨습니다. 년도를 쓸 때 기원전, 서기(기원후)라고 쓰는 것은 예수님이 이 땅에 오신 해를 기준으로 쓰고 있다는 것은 이미 알고 있지요?

그렇습니다. 서기 2000년이라고 쓰는 것은 예수님이 이 땅에 오신지 2000년이 되었다는 말입니다.

♣ 이해를 돕는 질문

1. 왜 우리는 성경을 읽어야 할까요?

2. 성경은 한 마디로 어떤 책입니까?

3. 당신은 사도 바울이 무엇을 자신의 인생에서 가장 가치 있는 것으로 여기고 있다고 보입니까?(빌립보서 3장8절)

♣ 기도

주님,

성경을 읽고, 공부할 때 하나님을 점점 더 잘 알게 하옵소서. 요한이 성경에 기록한 것처럼 태초부터 계신 생명의 말씀에 관하여는 내가 들은 바요 눈으로 본 바요 자세히 보고 우리의 손으로 만진 바라고 말한 것처럼 저에게도 분명하고 확실한 믿음을 주옵소서. 제가 이제 예수님을 아는 것이 이 세상에서 가장 중요한 지식이 되고, 가장 중요한 기억이 되게 하옵소서. 성경을 읽고 공부하는 것이 재미있고, 즐거운 시간이 되게 하시며, 성경을 읽고, 공부하는 것을 지속할 수 있게 하옵소서. 그리고 성경을 통해서 제가 죄인이라는 것과 저의 연약함을 깨닫게 하옵소서.

예수님의 이름으로 기도합니다. 아멘

♣ 지난주 '스스로 해보기' 잘하셨나요?

1. 제2과 다시읽기 (　　) 대박이다! ^_^

(　　) 헐~! 〉_〈

(　　) 뭥미! ㅠㅠ

2. 성경읽기 (　　) 대박이다! ^_^

(　　) 헐~! >_<

(　　) 뭥미! ㅠㅠ

♣ '스스로 해보기' 입니다.

1. 오늘 공부한 제3과를 다시 한 번 꼼꼼히 읽어보세요.

2. 요한복음 15장을 읽고 중요한 곳에 밑줄을 긋고, 질문이 있으면 메모해 오세요.

하나님은 영이시니......

"하나님은 영이시니 예배하는 자가 영과 진리로 예배할지니라."(요 4:24)

예배 시간보다 조금 일찍 예배당에 도착하여 손을 모으고 머리를 숙여 기도하는 성도의 모습은 아름답다. 그 성도의 모습을 보면 다른 어떤 기도자보다 진지하다. 마음 깊은 곳에서부터 예배자의 겸손함과 귀 기울임이 흘러나오는 것 같다. 옆에서 보노라면 나의 마음이 울컥할 때가 있다.

그는 무엇을 위해 기도할까?

"주님, 이 시간 영과 진리로 예배하게 하소서"라고 기도하지 않을까하고 생각해본다. 주일 예배를 드리기에 앞서 나도 하나님께 그렇게 기도한다. 영과 진리로 예배함으로 하나님이 받으시기에 합당한 예배, 하나님의 영광을 선포하는 예배가 되길 기도한다. 정성을 다하거나 진지한 분위기도 중요하지만 예배에는 그 이상이 있다. 하나님은 누가 예배하는가에 관심이 있으시다. 예배할 때 예배자의 태도보다 더 중요한 것은 먼저 참다운 예배자가 되는 것이다. 참다운 예배자는 예수 그리스도를 믿고 성령으로 거듭난 그리스도인이 성령 안에서, 진리의 말씀으로 드리는 예배자이다. 하나님은 영이시기 때문에 내가 성령 안에서 성령님의 지배를 받는 사람이 되어 예배를 드리는 것이 전제되어야 한다.

예배를 위해 나는 이렇게 기도한다.

"제가 주님께 나아갈 때마다 성령님으로 충만해야겠습니다. 성령충만하지 않은 사람이 드리는 예배는 영과 진리로 드릴 수가 없습니다. 주님은 영이시기 때문에 저의 영적상태를 다 알고 계십니다. 성령님의 지배를 받지 않고 예배할 때 그 예배는 형식적이고 가증스러운 것이라는 것을 알고 있습니다. 저의 삶의 순간순간이 성령님 안에서 살아가고, 성령님 안에서 예배자로 살게 해주십시오. 함께 예배하는 자들이 성령님 안에서 예배할 수 있도록 돕는 역할을 하게 해주십시오."

제4과 성경을 이렇게 읽으세요!

성경을 읽을 때 무엇보다 먼저 염두에 두어야 할 것은 "성경을 왜 기록했을까?" 라고 생각해보는 것입니다. 역으로 생각하면 "성경이 나에게 말씀하시고자 하는 것은 무엇인가?"라는 질문을 가지고 출발하는 것입니다. 바로 성경을 기록한 목적이 무엇인가를 생각하면서 읽는 것입니다. 성경의 각 권은 모두 독특한 대상과 독특한 목적을 가지고 기록했지만 성경을 전체적으로 보면 성경의 기록목적은 "하나님께서 죄인인 인간을 죄로부터 구원하실 계획과 그 계획의 성취" 에 초점이 맞추어져 있습니다. 그리고 하나님을 믿는 사람들이 구원을 받고 영생 얻음을 알게 하려고 기록되었습니다. <u>"내가 하나님의 아들의 이름을 믿는 너희에게 이것을 쓰는 것은 너희로 하여금 너희에게 영생이 있음을 알게 하려 함이라.(요한일서 5장13절)</u>

당신이 성경을 읽을 때, 성경을 이해하고, 해석하기 위해서 알아야 할 것이 있습니다. Ⅰ부 제2과에서 언급했듯이 모든 성경은 성령님의 감동으로 쓰였습니다.(디모데후서 3장16절) 성령님의 감동으로 쓰였다는 것은 성령님께서 성경의 기록자들을 사용하고, 그들에게 영감을 주시고, 함께 하셔서 기록하셨다는 것입니다. 바로 성령님께서 성경의 사실상 저자라는 것입니다. 따라서 성경을 읽을 때 성령의 도우심을 구해야 합니다.

또한 성경을 읽기 위한 계획을 세우고, 그 계획에 따라 시간을 정해서 규칙적으로 읽는 것이 좋습니다. 좀 더 구체적으로 좋은 성경읽기에 대해 살펴보겠습니다.

1. 먼저 성경을 읽기 전에 성경을 잘 이해하고, 깨달을 수 있도록 성령님의 도우심을 위해 기도하십시오.

기도가 익숙하지 않을 때는 기도하는 것이 낯설고, 기도하는 것의 의미를 느끼지 못할 수도 있습니다. 처음에는 기도 자체가 어렵게 느껴질 수 있습니다. 또한 "기도 한다고 하나님이 과연 응답하실까?" 라는 의문이 생길 수도 있습니다. 그러나 하나님께서 기도하라고 하셨습니다.(마태복음 7장7절) 성경의 기록자이신 성령께서 성경을 읽을 때 개입해주셔서 성경을 잘 이해하고 깨달을 수 있도록 기도하면서 읽으시기 바랍니다.

2. 성경은 하나님의 음성을 듣는 책입니다.

성경은 하나님의 자녀들을 향한 하나님의 사랑의 편지이며, 삶의 지침이며, 하나님께로 부르시는 소리 없는 하나님의 음성입니다. 그런 의미에서 성경을 일컬어 '읽는 책'이 아니라 '듣는 책'이라고 말하기도 합니다. 따라서 성경을 읽기보다 하나님의 음성을 듣는 자세로 읽으십시오. 성경을 읽을 때 글자나 문장 그 자체만 읽고 지나칠 수 있습니다. 그러나 '하나님의 뜻 곧 하나님의 마음'을 읽어야 참다운 성경 읽기를 하는 것입니다. 하나님의 뜻을 읽기 위해서는 성경을 읽을 때 마다 많은 질문을 가져야 합니다. 그 중에서 적어도 다음의 3가지 질문은 꼭 가지고 성경을 읽기 바랍니다.

(1) 하나님, 예수님, 성령님은 어떤 분으로 나타나있는가?
(2) 내가 무엇을 해야 하고, 무엇은 하지 말아야 하는가?
(3) 내가 고쳐야 할 것은 무엇인가?

3. 성경읽기 계획을 세워서 읽으십시오.

"생각하는 대로 살지 않으면, 사는 대로 생각한다." 는 말이 있습니다. 성경은 눈이 가면 읽고, 생각이 미치면 읽고, 시간이 되면 읽는 책이 아닙니다. 가장 중요한 시간 중에 쪼개어 계획적으로, 철저한 태도로 성경읽기를 실천하십시오. 계획을 세워 매일 매일 일정한 분량의 성경을 읽으십시오. 한 장씩 이라도 매일 꾸준히 읽으십시오. 성경을 읽는 습관이 생기도록 읽으십시오. 하루에 4장씩 읽는다면 1년에 구약성경 1번, 신약성경을 두 번 읽을 수 있습니다.

4. 한 번에 책 한권을 통째로 읽기를 시도하십시오.

대부분의 그리스도인들은 성경을 읽을 때 하루에 한두 장씩만 읽으려고 합니다. 그러나 어떤 날은 한 번에 책 한권 전체를 통독하는 것을 시도해보십시오. 한 편의 영화를 감상할 때 처음부터 보지 않고는 잘 이해가 되지 않듯이 창세기부터 읽어 가는 것을 적극 권하고 싶습니다.

성경 한권, 한권을 진주알이라고 생각하고 '진주알'을 꿰듯이 창세기부터 요한계시록까지 순서대로 읽어보기 바랍니다. 성경은 66권의 책으로 되어 있지만 결국 한 책. 한 편의 이야기입니다. 토막토막 읽는 것보다 전체를 읽을 때 하나님의 계시의 장엄함을 느낄 수 있습니다.

5. 그리고 성경의 중요부분을 반복해서 읽으십시오.

성경의 한 부분을 선택해서 주의 깊게, 자세히 반복해서 읽으십시오. 미술관의 복도를 따라 작품들을 쳐다본다고 해서 전시된 작품들을 충분히 감상한 것은 아닙니다. 작품을 충분히 감상하기 위해서는 그림 앞에서 보다 진지하고 자세히 살펴야 합니다. 성경읽기도 마찬가지입니다. 책상에 앉아 연구하는 자세로 읽으십시오. 펜과 자, 메모지, 형광펜을 준비해서 읽기에 사용하십시오.

"모든 성경은 하나님의 감동으로 된 것으로 교훈과 책망과 바르게 함과 의로 교육하기에 유익하니 이는 하나님의 사람으로 온전하게 하며 모든 선한 일을 행할 능력을 갖추게 하려 함이라." (디모데후서 3장16-17절)

♣ 이해를 돕는 질문

1. 성경은 '읽는 책'이 아니라 '듣는 책'이라는 말은 어떤 의미입니까?

2. 당신이 성경을 읽기에 가장 좋은 시간은 하루 중 언제입니까? 지금 성경 읽기 계획을 한 번 세워보세요.

3. 성경의 중요부분을 반복해서 읽어본 경험이 있습니까? 만일 있다면 반복해서 읽은 경험을 나누어보세요. 만일 그런 경험이 없다면 성경의 중요부분을 반복해서 읽은 후에 그 소감을 가족이나 친구들과 한 번 나누어보세요.

♣ 기도

주님,

제가 주님께서 성경을 통해서 말씀하시고자 하는 것을 들을 수 있도록 반복해서 되 뇌이면서 읽을 수 있도록 도와주옵소서. 성경을 읽을 때마다 저의 마음을 열어주시고, 저의 눈과 귀를 열어주옵소서. 제가 성경을 읽기 위해서 집중할 수 있는 시간을 정하게 하시고, 성경 읽는 시간을 다른 일을 위해 쓰지 않도록 도와주옵소서. 성경을 꾸준히 읽어 나가게 하시고, 성경을 읽을 때 마음이 평안해지고, 삶의 갈증이 해소되게 하소서. 성경에서 삶의 문제들에 대한 해결 점을 찾게 하시고, 항상 성경을 가까이하게 하옵소서.

예수님의 이름으로 기도합니다. 아멘

♣ 지난주 '스스로 해보기' 잘하셨나요?

1. 제3과 다시읽기 (　　) 대박이다! ^_^

(　　) 헐~!)_〈

(　　) 뭥미! ㅠㅠ

2. 성경읽기 (   ) 대박이다! ^_^

             (   ) 헐~! >_<

             (   ) 뭥미! ㅠㅠ

♣ '스스로 해보기' 입니다.

1. 오늘 공부한 제4과를 다시 한 번 꼼꼼히 읽어보세요.

2. 요한복음 16장을 읽고 중요한 곳에 밑줄을 긋고, 질문이 있으면 메모해 오세요.

송이 꿀처럼 달게

"주의 말씀의 맛이 내게 어찌 그리 단지요 내 입에 꿀보다 더하니이다." (시 119:103)

목사님들과 잠시 운동을 하고 순대 국밥집을 갔다. 아직 점심식사시간으로는 좀 이른 시간인데도 사람들이 식당 안에 가득 찼다. 잠시 후 자리를 안내받아 앉았다. 점점 사람들이 몰려들었다. 드디어 사람들은 줄을 서기 시작했다. 순대국밥이 나왔다. 참 맛있었다. "어쩌면 이렇게 맛이 있을까?" 그런데 나만 맛이 있는 것이 아니고 모든 목사님들이 이구동성으로 맛있다는 말을 하였다

그렇구나. 모두의 입맛에 맞는 이런 순대국밥도 있구나하고 감동을 하면서 먹었다. 음식을 나르는 아주머니들의 입에서는 손님들에게 연신 이렇게 말했다. "줄을 잘 서서 조금만 기다리세요!" 아마도 줄을 잘 못서서 싸우거나 문제가 되는 경우가 자주 있었나 보다. 식사를 마치고 밖으로 나왔다. 한 목사님이 이렇게 말했다. "나도 말씀을 잘 준비해서 저렇게 사람들의 입맛에 맞게 설교해서 사람들이 몰려들게 해야 할 텐데!" 나는 망치로 머리를 한 대 맞은 것 같았다. 그래, 바로 그거야. 맛있는 말씀을 준비해야지! 맛있는 말씀! 맛있는 말씀! 생명의 말씀, 영혼을 살찌우는 말씀을 준비하자!

제5과 침례(세례)가 무엇입니까?

1. 침례(세례)란 무엇인가?

침례(세례)는 구원받은 그리스도인이 자신의 믿음을 하나님과 성도들 앞에서 공적으로 고백하는 의식입니다. 단순히 침례 의식만 보면, 물속에 들어가 침례를 주는 목사님의 손에 의지해서 완전히 물에 잠기었다가 일으켜지는 것입니다. 이 침례가 상징하는 것은 죄에 대해서 죽고, 의에 대해서 다시 살아나는 것을 상징 합니다. 침례의 형태로는 침례, 관수례(물을 붓는 침례), 살수례(물을 뿌리는 침례) 같은 형태가 있습니다.

그리스도인은 침례를 통해서 공식적으로 자신의 믿음을 나타내고, 침례를 받음으로써 정식으로 교회의 신자로 인정이 되며, 교회의 일원이 되는 것입니다.

2. 침례는 누가 받는가?

한 사람의 비 그리스도인이 예수님을 영접할 때 예수님이 그 마음의 중심에 들어오십니다. 예수님이 마음의 중심에 들어오신다는 것은 엄밀한 의미에서 예수의 영, 하나님의 영, 말씀의 영이신 삼위일체의 제 3위인 성령께서 들어오시는 것입니다. 성령께서 들어오시는 것은 엄청난 사건입니다. 이 사건을 다른 말로 "거듭났다" 고도 하며, "구원받았다" 고도 합니다. 이 때 그리스도를 영접한 사람은 죄 용서를 받고, 하나님의 자녀가 되는 것입니다. 또한 이것을 성령께서 인치셨다(도장을 찍으셨다)(고리도후서 1장22절)라는 말을 쓰기도 합니다.

이 사건은 그 당사자와 교회와 하나님 앞에서 엄청난 의미가 있는 사건입니다. 이 사건으로 성령께서 마음의 중심에 거하시게 되며, 그 의미를 몇 가지만 정리해보겠습니다.

1) 성령님은 죄로부터 하나님께로 돌아온 사람안에 계십니다.
2) 성령님께서 한 사람의 마음의 중심에 들어오시는 사건은 예수님을 '나의

주, 나의 하나님으로 영접할 때' 일어나며 신자의 삶에서 딱 한 번만 경험하는 사건입니다.

　3) 성령님은 예수님을 영접함으로 죄사함을 받아 죄로부터 자유를 얻게 합니다.

　4) 성령님은 하나님의 자녀로 이끌어 주시며 하나님을 아버지라고 부를 수 있게 합니다.

　5) 우리는 성령님을 통해 영생을 얻게 됩니다.

이 외에도 다 열거 할 수 없을 만큼 많은 일들이 일어나는 사건입니다. 예수님을 믿고 거듭난 사람은 하나님과의 교제가 회복되고, 진정한 의미의 신자가 되고, 교회의 일원이 되고, 모든 믿는 사람들과 형제자매가 됩니다.

　거듭났다고 해서 갑자기 어떤 사건이 일어나거나 감동의 물결이 꼭 몰려오는 것은 아닙니다. 그 변화의 순간을 타인이 느끼는 경우도 있지만 일반 적으로 지극히 개인적이며, 본인 외에 타인이 느끼지 못하는 경우도 많습니다. 심지어 본인조차도 감정적인 느낌이나 그 순간에는 그 변화를 느끼지 못할 수도 있습니다. 그렇지만 거듭난 사람에게는 이미 큰 변화가 일어났고, 점점 더 큰 변화가 일어나게 될 것입니다.(고린도후서 5장17절)

　거듭난 그리스도인은 공적으로 자신의 믿음을 사람들 앞에 고백하며, 구원받은 의미를 상징적으로 경험하는 거룩한 의식으로 침례를 받게 됩니다.

♣ 이해를 돕는 질문

1. 침례가 무엇입니까?

2. 침례는 누가 받습니까?

3. 당신이 침례를 받음으로써 당신은 교회와 어떤 관계가 될까요?

♣ 기도

　　주님,

　　저도 예수님을 믿고 성령으로 침례 받아 거듭나게 하옵소서. 제가 죄에 대하여는 죽고, 믿음의 의로는 새롭게 살아나는 거룩한 경험을 하게 하옵소서. 이 신비로운 사건이 눈에 보이지 않고, 피부로 느껴지지 않지만 저에게 믿어지게 하시며, 이 신비로운 사건이 제 안에서 일어나게 하옵소서. 그리고 이 사실을 하나님과 성도들 앞에서 고백하는 거룩한 의식인 침례를 받게 하옵소서. 이 침례를 통하여 거룩한 하나님의 백성의 일원이 되었음이 선포되게 하시며, 저와 교회에 큰 기쁨이 되게 하옵소서.

　　예수님의 이름으로 기도합니다. 아멘

♣ 지난주 '스스로 해보기' 잘하셨나요?

　1. 제4과 다시읽기 (　　) 대박이다! ^_^

　　　　　　　　　 (　　) 헐~! 〉_〈

　　　　　　　　　 (　　) 뭥미! ㅠㅠ

2. 성경읽기 (   ) 대박이다! ^_^

(   ) 헐~! >_<

(   ) 뭥미! ㅠㅠ

♣ '스스로 해보기' 입니다.

1. 오늘 공부한 제5과를 다시 한 번 꼼꼼히 읽어보세요.

2. 요한복음 17장을 읽고 중요한 곳에 밑줄을 긋고, 질문이 있으면 메모해 오세요.

복이 있는 사람은......

"너희가 나 때문에 모욕을 당하고, 박해를 받고, 터무니없는 말로 온갖 비난을 받으면, 너희에게 복이 있다." (마 5:11. 표준새번역)

복이 있는 사람은 주님 앞에서 뭔가 하는 사람이다. 자신의 이름을 위하여가 아니라 주님의 이름과 영광을 위하여 뭔가 하다가 모욕도 당하고, 박해도 받고, 비난도 당하는 사람이다. 그러나 그렇게 당하는 것을 결코 부끄러워하지도 않고, 자신의 존엄성이 손상된다고 생각하지도 않고, 감당할 수 없을 만큼 너무 힘든 것이라고 생각 하지도 않는다. 그런 상황에서도 주님을 인해 기뻐할 수 있다. 그것이 복이다. 이 복을 누린다는 것은 특권이다. 아무나 이 특권을 누릴 수 있는 영광이 주어지는 것이 아니다. 이 특권 앞에서 나는 침묵 가운데 나에게 묻는다. "나는 내가 가장 존경하는 분, 가장 사랑하는 분이 더 존귀해지도록 힘쓰고 있는가? 내가 그 분을 위해 무슨 일을 당해도 기뻐할 수 있는가?" 나는 자신이 없다. 그렇게 살고 싶은 소망은 있지만 그렇게 삶으로 살아내기가 쉽지 않다. 다만 나는 예수 그리스도 안에서 예수 그리스도를 위해서 뭔가 하고 싶다. 그리고 그렇게 하는 것이 얼마나 놀라운 감격을 주는지 시도해보고 싶다. 하나님 앞에서 그렇게 해보고 싶다. 그 놀라운 경험을 나누면서 감격의 도가니에 깊이 빠지고 싶다. 광대하시고, 위엄이 많으신 하나님은 우리가 마땅히 존중하고, 높여야 할 찬송의 대상이시다. 하나님을 마음을 다해 찬양하는 기쁨을 누리고 싶다. 그것이 진정한 복이므로.......

제6과 교회, 뾰족 탑이 있는 건물일까요?

사람들 중에는 "교회"를 독특한 건축양식을 가진, 지붕에 십자가가 서 있는 건물 정도로 생각하는 사람이 많습니다. 심지어 교회에 출석하고 있는 사람들마저도 그렇게 알고 있는 사람이 있습니다. 그러나 그 건물은 예배당입니다. 물론 예배당도 중요합니다. 성도들이 모여서 하나님께 예배드리고, 기도하고, 성도들이 교제하는 공간으로 구별되어 있기 때문에 중요합니다. 굳이 건물인 예배당과 교회를 구분하는 이유가 있습니다. 교회라는 말에는 굉장히 깊은 의미와 교회는 너무 너무 중요하기 때문입니다. 교회의 중요성과 교회의 참 의미를 알아보는 시간이 되길 바랍니다.

1. 교회란?

교회는 예수님 믿는 사람들의 모임으로 하나님에 의해서 "불러냄을 받은 자"들을 의미합니다. 다른 말로 하면 예수님을 믿는 하나님의 자녀들의 모임입니다. 예수님을 모르던 사람이 예수님을 마음의 중심에 영접함으로 거듭나게 되고, 거듭난(중생한) 사람들이 교인으로 참여하게 됨으로 교회의 일원이 됩니다.

2. 교회는 생명체입니다.

성경에서 교회는 지성·감정·의지를 가진 인격체로 표현되어 있습니다. 교회는 생명체이며, 서로 다른 지체들 상호간에 유기적으로 연결된 공동체입니다. 이런 의미에서 성경에서 교회는 인간의 몸에 비유되고 있습니다. 몸에는 여러 개의 기관이 있지만 어느 기관도 따로 떼어서 생각할 수 없는 것과 같습니다. 예를 들어 사람의 몸에 아픈 곳이 생기면, 어디가 아픈지 아픈 곳은 따로 있지만 그 통증은 온 몸이 느끼는 것과 같습니다. "우리가 유대인이나 헬라인이나 종이나 자유인이나 다 한 성령으로 침례(세례)를 받아 한 몸이 되었고 또 다 한 성령을 마시게 하셨느니라." (고린도전서 12장13절)

다음 성경구절들은 교회가 인격체라는 것을 말하고 있습니다. 이 성경구절을 진지하게 읽어보면 교회가 인격이며, 생명을 공유하고 있는 생명체라는 것을 알게 될 것입니다.

"온 교회와 이 일을 듣는 사람들이 다 크게 두려워하니라." (사도행전 5장11절)

"이에 베드로는 옥에 갇혔고 교회는 그를 위하여 간절히 하나님께 기도하더라." (사도행전 12장5절)

바로 교회는 생각하고, 말하고, 의지를 가지고 있는 인격체입니다.

3. 교회는 무엇을 할까요?

(1) 교회는 하나님께 예배하는 공동체입니다.(로마서 12장1절)

(2) 교회는 하나님께 기도하는 공동체입니다.(사도행전 2장42절)

(3) 교회는 인간의 죄를 대신지고 십자가에 죽으심과 죄와 사망을 이기고 부활하신 예수님을 하나님의 말씀을 통해 증거하는 공동체입니다.(고린도전서 1장23절)

(4) 교회는 성도들을 가르치고, 서로 교제하는 공동체입니다.(사도행전 2장42절)

(5) 교회는 예수님의 사랑과 예수님의 이름으로 이웃을 구제하고, 이웃을 섬기는 공동체입니다.(에베소서 4장11절)

"그들이 사도의 가르침을 받아 서로 교제하고 떡을 떼며 오로지 기도하기를 힘쓰니라." (사도행전 2장42절)

1. 교회가 무엇인지 당신의 말로 써보세요.
2. 교회가 인격체라는 것을 나타내는 2개의 성경구절을 써보세요.

3. 교회가 하는 활동은 어떤 것들이 있을까요?

♣ 기도

주님,

예수님께서 교회의 머리가 되심을 알게 해주셔서 감사합니다. 교회를 이루는 모든 성도들이 서로 연결되어 한 몸을 이룬 각 지체들이라는 것을 알게 해주셔서 감사합니다. 교회가 살아있는 공동체임을 깨닫게 해주셔서 감사합니다. 이제 제가 교회의 일원으로 하나님께 예배하는 진정한 예배자가 되게 하옵소서. 제가 규칙적으로 시간을 정해놓고 기도하고, 식사할 때 기도하고, 잠자리에 들 때 기도하고, 아침에 일어날 때 기도하게 하옵소서. 제가 이제 하나님의 말씀을 통해 구원받은 사실을 증거하는 전도자가 되게 하옵소서. 다른 성도들과 서로 교제하며 거룩한 공동체를 이루게 하옵소서. 한 몸을 이룬 지체들을 돌아볼 수 있는 마음을 주시며, 그들을 섬기는 일에 함께 할 수 있게 하옵소서.

예수님의 이름으로 기도합니다. 아멘

♣ 지난주 '스스로 해보기' 잘하셨나요?

  1. 제5과 다시읽기 (   ) 대박이다! ^_^

                      (   ) 헐~! >_<

                      (   ) 뭥미! ㅠㅠ

  2. 성경읽기 (   ) 대박이다! ^_^

             (   ) 헐~! >_<

             (   ) 뭥미! ㅠㅠ

♣ '스스로 해보기' 입니다.

  1. 오늘 공부한 제6과를 다시 한 번 꼼꼼히 읽어보세요.

  2. 요한복음 18장을 읽고 중요한 곳에 밑줄을 긋고, 질문이 있으면 메모해 오세요.

결국에는 합력하여 선을 이루시는 주님

"우리가 알거니와 하나님을 사랑하는 자 곧 그 뜻대로 부르심을 입은 자들에게는 모든 것이 합력하여 선을 이루느니라."(롬 8:28)

살아가면서 무겁게 느끼는 것들 중에 하나는 내가 어떤 결정을 한 후에 나의 결정이 과연 옳은가하는 것이다. 내가 어떤 일을 한후에 그결과가 무겁게 느껴질 때가 있다. 더욱 큰 무게로 다가오는 것은 나의 결정이 올바른지, 좋은 결과를 가져올 수 있을지 최종 의사결정을 해야 될 상황에서 확신이 서지 않을 때이다. 의사결정을 더 많이 해야 되는 사람일수록 의사결정 앞에서 더 빈번하게 스트레스를 받게 될 것이다. 일을 할 때, 어떤 목표를 향해서 달려갈 때, 그 결과에 대한 불확실성, 미래에 대한 불확실성 때문에 주저하고, 갈등할 때가 얼마나 많은가? 그때 우리에게 주시는 지급보증서 같은 말씀이 로마서8:28절 말씀이다. 결과는 최선을 안겨주시겠다는 말씀이다. 다만 우리가 하나님을 사랑하고, 그 뜻대로 부름을 받은 하나님의 자녀라면 그리 하시겠다는 약속이다.

내가 주님 부르시는 음성을 듣고 마음을 열고 주님을 영접하여 하나님의 자녀가 된 순간부터 나는 이 말씀을 언제든지 사용할 특권을 받은 것이다. 주님의 자녀로서 보증수표 같은 특권을 주셨음이 정말 감사하다. 나는 내가 하는 일에서 성공하기만을 바라지만 어떤때는 실패와 좌절을 주시기도 하셨다. 그러나 시간이 지난 후에 혹은 마음을 가다듬고 보면 성공은 아니어도 하나님께서 나에게 최선을 주셨다고 믿게 된다. 이제 나는 주님이 주실 최선을 염려하거나 안달하지 않기 위해 기도한다.

"가장 좋은 결과를 주실 주님을 신뢰하고, 기다릴 수 있게 해주십시오. 저의 시선도, 마음도, 생각도 모두 주님께 향하고 하나님의 인도하심을 바라보게 해주십시오."

제7과 목장(셀) 모임에 대하여

예수님은 요한복음 10장에서 예수님을 따르는 무리들을 양으로, 자신을 목자로 비유하여 말씀하셨습니다.

"나는 선한 목자라 선한 목자는 양들을 위하여 목숨을 버리거니와" (요 10:11)

예수님은 이 땅에 오셔서 참 목자의 삶을 사셨습니다. 시 23편에서 다윗은 "여호와는 나의 목자시니 내게 부족함이 없으리로다. 그가 나를 푸른 풀밭에 누이시며 쉴 만한 물 가로 인도하시는도다." (시 23:1-2)라고 고백했습니다. 다윗은 여호와 하나님이 우리를 먹이시고, 인도하시는 목자되심을 찬양했습니다.

모든 그리스도인은 예수님의 양입니다. 그리스도인은 예수님의 양일뿐만 아니라, 다른 한편으로는 더 어리고, 연약한 그리스도인에게는 목자가 될 것을 명령하셨습니다. 부활하신 예수님이 갈릴리 바닷가에 나타나셔서 제자들을 만나셨습니다. 요 21:15-17절에 보면 예수님은 특별히 베드로에게 "네가 나를 사랑하느냐?" 고 세 번씩이나 반복해서 물으셨습니다. 그 물음에 베드로 역시 반복해서 "주님 그러하나이다 내가 주님을 사랑하는 줄 주님께서 아시나이다." 라고 대답했습니다. 그 때 예수님은 베드로에게 "내 어린 양을 먹이라!" 고 말씀하셨습니다. 예수님은 베드로에게 목자의 삶을 살라고 부탁하신 것입니다.

이 목자와 양의 모형을 이루는 모임이 목장모임입니다.

목상모임은 교회에 따라 구역모임, 셀모임, 순모임, 가지모임으로 불러지기도 합니다.

목장에는 목자가 있습니다. 목자는 훈련받고, 신앙적으로 성숙하고, 양들을 사랑하고 예수님의 마음으로 양을 섬기기로 헌신한 사람입니다.

목장모임은 목자와 양이 함께 모이는 모임입니다. 목자는 양을 먹이고, 위험으로부터 보호하듯이 양을 쳐야 합니다. 어린양과 같은 모든 그리스도인은 목자로부터 하나님의 말씀인 성경을 배우고, 사랑과 섬김을 배우게 됩니다. 또한 양들은 목장에서 기도를 배우고, 가족적인 공동체를 배우게 됩니다.

양들은 목장에서 삶을 나누어 공유하고, 그리스도의 몸으로서의 각 지체가 연합하고 하나 됨을 통해, 그리스도를 중심으로 하는 유기적인 몸과 서로 다른 역할과 기능을 하는 지체로서 균형 잡힌 건강한 성도로 성장하게 됩니다.

목장모임에서 양들 즉, 목장원들은 다시 목자의 비전을 갖게 됩니다. 양들이 훈련받고, 성장함에 따라 자신의 양을 위해 기도하게 되고, 전도하여 얻은 (만난) 양들을 직접 목양하는 목자가 되는 설레는 비전에 헌신하게 됩니다.

오늘날 교회에 출석하는 많은 그리스도인들이 일주일에 한 번 주일예배에 참석하는 것만으로 그리스도인의 삶을 잘 살고 있다고 생각하는 경우가 많이 있습니다. 그러나 그리스도인은 한 주에 한 번 설교를 통해서 하나님 말씀을 듣는 것으로 그치지 말고 개인적으로 규칙적인 성경 읽기와 교회 안에서 훈련된 목자와 함께 성경공부를 할 때 더 풍성한 삶을 살 수 있습니다. 그리고 목장에서 배우고 삶에 적용한 말씀을 서로 나눔으로써 서로를 격려하게 되고, 또한 위로를 받을 수 있습니다.

이렇게 훈련을 받은 후에는 당신도 목자가 될 수 있습니다. 목자의 삶이야말로 그리스도인이 누릴 수 있는 가장 멋지고 흥분된 경험이 될 것입니다. 목자가 되는 비전은 영적자녀를 잉태하는 비전입니다.

♣ 이해를 돕는 질문

1. 당신이 이제 신앙생활을 시작하려고 하거나, 막 시작한 그리스도인이라면 당신은 목자의 도움이 필요할 것입니다. 현재 당신에게 목자나 성숙한 그리스도인의 도움이 필요한 부분은 무엇입니까?

2. 당신이 목장모임에 초대 받는다면 어떻게 하시겠습니까?

3. 당신이 목장모임을 통해서 가장 배우고 싶은 것은 무엇입니까?

♣ 기도

주님,

예수님께서 "나는 선한 목자" 라고 말씀하시면서 주님을 믿는 저희들을 양에 비유하신 것처럼 저희는 주님의 말씀인 꼴을 생명의 양식으로 먹어야 믿음이 성장하며, 건강한 그리스도인으로 살아갈 수 있다는 것을 알게 해주셔서 감사합니다. 목장모임에서 좋은 목자와 착한 양으로 말씀과 기도와 섬김과 나눔을 배울 수 있도록 인도해주옵소서. 목장모임을 통해서 인생을 어떻게 살아야 하는지 구체적인 비전을 주시고, 균형잡힌 성장을 이루게 하옵소서.

예수님의 이름으로 기도합니다. 아멘

♣ 지난주 '스스로 해보기' 잘하셨나요?

1. 제6과 다시읽기 (   ) 대박이다! ^_^

(   ) 헐~! 〉_〈

(   ) 뭥미! ㅠㅠ

2. 성경읽기 (   ) 대박이다! ^_^

(   ) 헐~! 〉_〈

(   ) 뭥미! ㅠㅠ

♣ '스스로 해보기' 입니다.

　1. 오늘 공부한 제7과를 다시 한 번 꼼꼼히 읽어보세요.

　2. 요한복음 19장을 읽고 중요한 곳에 밑줄을 긋고, 질문이 있으면 메모해
오세요.

언제나 최우선은

"너희는 먼저 그의 나라와 그의 의를 구하라 그리하면 이 모든 것을 너희에게 더하시리라"(마 6:33)

금식기도가 하고 싶었다. 특별한 일이 있어서가 아니라 주님과 더 깊은 만남의 시간을 갖고 싶어서였다. 새로 맞이하는 한해를 조용히 기도하면서 준비하고 싶었다. DFC(제자들선교회)에서 매년 12월말에 하는 금식수련회를 참석하기로 했다. 꽤 오랜만에 금식을 한다고 생각하니 조금 부담이 되기도 했지만 진지하게 그 시간을 보냈다. 기도하면서 진지하게 주님 앞에서 한해를 계획할 수 있었다.

평소에 자주 경험하는 것은 막연히 어떻게 살까를 생각하다보면 가장 빨리 다가오는 생각이 있다. 그것은 "무엇을 먹을까, 무엇을 마실까, 무엇을 할까?"라는 말로 요약할 수 있다. 이런 생각에 빠져들면 이게 아닌데, 이게 아닌데라고 생각하면서도 그 생각의 굴레를 벗어나기 어렵다. 그러나 기도하면서 하나님 앞에서 주님의 관점으로 생각하면 어떻게 살아야 될까라는 물음에 대한 대답은 너무도 자명하다. 먼저 주님의 나라와 그 의를 구해야 된다는 것이다.

"제가 주님의 나라와 그 의를 최우선적으로 찾게 해주십시오. 저의 가치관이나 생각이나 언어에서 주님의 나라와 의를 먼저 구하게 해주십시오. 주님에 대한 생각과 현실이 나누이지 않게 해주십시오. 저의 세계관이나, 가치관이 주님의 뜻과 일치되게 해주십시오. 감정이 몹시 흥분되었을 때도, 엄청난 장벽 앞에서도, 절망적인 상황에 놓였을 때도 주님의 나라와 그 의를 먼저 찾게 해주십시오."

제8과 교회에서 사용하는 이런 용어들이 있습니다.

1. 회개

회개(Repentance)는 "돌아선다"는 말입니다. 교회에서 회개는 하나님을 모르고 살거나, 하나님을 떠나살다가 하나님께로 돌아오는 것을 의미합니다. 죄인인 인간이 죄로부터 돌아서서 하나님께로 돌아오는 것을 말합니다. 회개는 자신이 죄인이라는 것과 예수님이 자신의 죄를 위해서 죽으셔서 예수님을 통해서 죄용서를 받을 수 있다는 것을 믿고, 하나님께로 나아가는 것을 말합니다.

"베드로가 이르되 너희가 회개하여 각각 예수 그리스도의 이름으로 침례(세례)를 받고 죄 사함을 받으라 그리하면 성령의 선물을 받으리니" (행 2:38)

회개는 스스로 잘못을 뉘우치고 반성하는 것으로 그치는 것이 아닙니다. 회개는 하나님의 말씀 안에서 일어나며, 죄를 깨닫게 해주시는 성령님의 역사로 죄의 길을 버리고 하나님께로 돌아서는 것입니다. 도덕적인 죄, 사회적인 죄, 법적인 죄보다 더 근본적인 죄는 하나님을 모르고 살고, 하나님 없이 하나님을 떠나서 사는 것이 바로 죄라는 것을 깨달음으로써 회개가 일어납니다.

2. 거듭남(중생)

거듭난다는 말은 중생(Born again)한다는 말입니다. 거듭남은 한 개인이 예수님을 영접할 때 일어나는 초자연적인 사건입니다. 예수님께서 요한복음 3상에서 밤에 찾아온 니고데모에게 이렇게 말씀하셨습니다.

"예수께서 대답하여 이르시되 진실로 진실로 네게 이르노니 사람이 거듭나지 아니하면 하나님의 나라를 볼 수 없느니라." (요 3:3)

죄인이 성령께서 죄를 깨닫게 하심으로 죄인이라는 것을 인식하고, 죄로부터 구원받는 길은 예수님 밖에 없다는 것을 알고 인격적으로 예수님을 마음에 영접하는 것입니다. 거듭남은 예수님을 믿고 영접할 때 일어납니다. 이 엄청난 일은 인간의 지식이나 과학으로 설명할 수 없습니다. 예수님을 찾아온 죄인들에게 예수님께서 "네 죄 사함을 받았느니라."라는 말씀을 하셨을 때, 이 광경을 본 사람들은 의아하게 생각했고, 어떻게 그것이 가능한지 의문을 가졌습니다. 그러나 예수님이 "네 죄사함을 받았느니라."고 말씀하셨을 때 죄용서를 받았고, 하나님의 자녀가 되었습니다. 이렇게 거듭난 사람을 향하여 성경은 이렇게 말하고 있습니다.

"그런즉 누구든지 그리스도 안에 있으면 새로운 피조물이라 이전 것은 지나갔으니 보라 새 것이 되었도다." (고후 5:17)

3. 중보자

서로 대립해 있는 두 사람 사이에 서서 화해를 하도록 화해의 다리가 되어 주는 사람을 중보자라고 합니다. 성경은 예수님이 하나님과 죄인인 인간 사이에 중보자라고 말하고 있습니다. 예수님께서 인간의 몸으로 오셔서 십자가에서 인간의 모든 죄를 대신 지시고 죽으심으로 하나님과 사람 사이에 중보자가 되셨습니다. "하나님은 한 분이시요 또 하나님과 사람 사이에 중보자도 한 분이시니 곧 사람이신 그리스도 예수라." (딤전 2:5). 따라서 인간은 예수님을 통해서 하나님께 나아갈 수 있으며, 기도할 때도 "예수님의 이름으로 기도합니다."라고 말하는 것입니다.

4. 은혜

아무런 대가나 보상을 지불하지 않고 선물로 받는 것을 "은혜"라고 말합니다. 어떤 면에서 우리가 누리는 가장 소중한 것들은 모두 은혜로 주어진 것들이라고 할 수 있습니다. 우리가 받은 구원은 우리의 노력으로 된 것도 아니고, 그리스도께서 우리의 죄 값으로 지불하신 그리스도의 보혈로 된 것입니다. "너희가 알거니와 너희 조상이 물려 준 헛된 행실에서 대속함을 받은 것은 은이나 금 같이 없어질 것으로 된 것이 아니요 오직 흠 없고 점 없는 어린 양 같은 그리스도의 보배로운 피로 된 것이니." (벧전 1:18-19)

우리가 받은 구원은 착한 행실에 의해서 얻어지는 것이 아닙니다. 하나님이 선물로 주신 것입니다.

"너희는 그 은혜에 의하여 믿음으로 말미암아 구원을 받았으니 이것은 너희에게서 난 것이 아니요 하나님의 선물이라. 행위에서 난 것이 아니니 이는 누구든지 자랑하지 못하게 함이라.(엡 2:8-9)

5. 성령충만

성령충만은 다른 말로 하면 예수님으로 충만한 것입니다. 성령은 하나님의 영, 진리의 영 예수님의 영입니다. 예수님으로 충만하다는 것은 예수님의 말씀과 예수님에 관한 말씀인 성경을 따라 산다는 것입니다. 성령충만하다는 것은 예수님 안에서 사는 것입니다. 성령충만한 삶은 육체의 욕구나 욕망을 따라가는 삶이 아니라 성령님의 인도하심을 따라 사는 삶입니다.

이렇게 말한 분도 있습니다. "각 사람 안에는 두 마리의 식욕이 왕성한 돼지가 있다. 한 마리는 육체적인 욕망과 죄만 먹고 사는 돼지이고, 다른 한 마리는 하나님의 말씀을 먹고, 하나님의 뜻을 먹고 사는 거룩한 돼지이다. 어느 돼지에게 밥을 많이 주느냐에 따라 밥을 많이 먹은 돼지가 더 왕성하게 활동할 것이다." 하나님의 뜻대로 살려고 하는 거룩한 돼지에게 밥을 주는 마음으로 내가 말씀을 많이 먹고, 그 말씀대로 살며, 그 말씀에 대한 생각으로 가득차 있으면 내 안에 있는 거룩한 돼지는 날로 성장하고 왕성하게 나를 통해서 나타날 것입니다.

성령충만한 삶이란 성령께서 지배하는 삶을 말합니다. 의지적으로 하나님의 말씀인 성경대로 살기위해 성령을 의지하고, 성령께서 인도하시고, 밀씀을 따라 살 수 있는 힘을 성령님으로부터 공급받는 삶입니다. 성령충만한 삶은 성령의 열매를 맺게 됩니다. 사랑, 희락(기쁨), 화평, 오래참음, 자비와 양선과 충성과 온유와 절제와 같은 성품의 열매를 맺게 됩니다.(갈 5:22-23)

1. 회개란 무엇일까요?

2. 거듭남이 무엇입니까?

3. 중보자란 무엇입니까?

4. 은혜란 무엇을 의미할까요?

5. 그리스도인들이 자주 쓰는 성령충만이라는 말은 어떤 의미입니까?

♣ 기도

주님,
주님이 가르쳐주신 모범을 따라 기도하겠습니다. 하나님을 찬양하고, 저의 죄를 먼저 고백하며, 주님의 십자가와 부활의 능력을 힘입어 제가 용서해야할 사람을 용서하고, 제가 소망하는 것을 아버지께

구체적으로 아뢰게 하옵소서. 하나님과 저 사이에 중보자 되시는 예수님의 이름으로 기도하게 하옵시며, 저에게 구원의 길을 열어주신 주님의 은혜에 순간순간 감사하게 하옵소서. 제가 성령충만의 의미를 잘 이해하고 성령님으로 충만한 삶을 살 수 있도록 인도해 주옵소서.

예수님의 이름으로 기도합니다. 아멘

♣ 지난주 '스스로 해보기' 잘하셨나요?

1. 제7과 다시읽기 (   ) 대박이다! ^_^
                 (   ) 헐~! 〉_〈
                 (   ) 뭥미! ㅠㅠ

2. 성경읽기 (   ) 대박이다! ^_^
           (   ) 헐~! 〉_〈
           (   ) 뭥미! ㅠㅠ

♣ '스스로 해보기' 입니다.

1. 오늘 공부한 제8과를 다시 한 번 꼼꼼히 읽어보세요.
2. 요한복음 20장을 읽고 중요한 곳에 밑줄을 긋고, 질문이 있으면 메모해 오세요.

진리가 너희를 자유케 하리라

"진리를 알지니 진리가 너희를 자유케 하리라."(요 8:32)

자유, 자유는 인간의 가장 중요한 기본권 중의 하나이다. 자유를 위해서 피를 흘리기도 하고, 목숨을 바치기도 한다. 인류역사는 한마디로 자유를 위한 투쟁사라고 해도 과언이 아니다. 인간은 독립된 인격체로서의 정당한 대우를 받을 권리가 있고, 마땅히 인격이 존중되어야 한다. 그 기본이 자유라고 할 수 있다. 자유가 억압받고 있는 사람들은 그 억압으로 부터 자유를 얻고자하는 그 갈망이 얼마나 크겠는가?

인간은 누구나 신체적인 자유를 보장 받아야 된다. 그런데 모든 자유는 영적인 자유에서 비롯된다. 영적으로 매여 있다면 어떤 자유로도 보상받을 수 없는 억압과 예속 됨 아래 있는 것이다. 그러나 사람들은 속고 있지 않은가? 자유를 누리지 못하면서 자유하다고 느끼고, 진정한 자유가 뭔지 모르면서 자유를 부르짖고 있다. 어찌 몸이 자유하다고 진정한 자유인이라고 할 수 있으며 하나님 없는 자유가 가능할 수 있으랴? 우리가 누리는 자유는 순간과도 같지만 하나님 안에서의 자유는 영원한 자유이다. 비록 몸이 구속되어 있지 않다고 하더라도 진정한 자유를 누리지 못할 때가 많이 있다. 깊은 죄의식에 사로잡혀 있을 때도 있다. 갈등에 사로잡혀 안절부절 할 때도 많다. 시간으로부터 구속되어 시간이 없어 쩔쩔맬 때도 많이 있다. 경제적인 속박이 나의 심신을 피곤하게 할 때도 있다. 사람들의 말이 나를 꽁꽁 묶어 놓을 때도 있다. 과거가 나를 구속할 때도 있다. 너무도 많은 구속들이 나를 이렇게 저렇게 나의 자유를 빼앗고 있다. 그래서 나는 주님께 기도한다. "주님의 진리 안에서 저에게 자유를 주십시오. 진리 안에 거하게 해주십시오. 진리를 따르므로, 진리 안에서 생각하고, 진리 안에서 행동하는 자유를 누리게 해주십시오. 진리를 떠난 자유는 진정한 자유가 아님을 항상 깨닫게 해주십시오."

제9과 회개, 거듭남, 구원, 영생의 관계

선미는 친구의 소개로 성경을 읽기 시작했고, 그 친구의 안내로 교회에 출석하기 시작했습니다. 선미가 출석하기 시작한 교회에는 목장모임이라는 소그룹모임이 있었습니다. 선미는 교회에 출석하면서 그 소그룹모임에 초대를 받았고, 별 부담 없이 소그룹모임에 참여하기 시작했습니다. 소그룹모임은 성경공부와 함께 각자의 삶을 나누며 교제하는 모임이었습니다. 선미는 소그룹모임에 참여하면서 성경에 흥미를 느끼기 시작했습니다. 성경을 공부하면서 하나님의 사랑과 계획을 깨닫게 되었습니다. 그리고 선미는 자신이 죄인이라는 것도 알게 되었습니다. 예수님께서 십자가에서 죽으심으로 자신을 대신해 죄 값을 다 지불하셨다는 것을 알게 되었을 때 정말 놀라웠습니다. 선미는 그 감격의 시간을 평생 잊을 수 없다고 했습니다.

선미는 죄로부터 돌아서서 "영접하는 자 곧 그 이름을 믿는 자들에게는 하나님의 자녀가 되는 권세를 주셨으니"(요 1:12)라는 성경 말씀에 의지해서 예수님을 영접했습니다. 선미가 예수님을 영접했을 때 표면상으로는 큰 변화가 일어나지 않은 것처럼 보였습니다. 그러나 그것은 새로운 탄생이었으며, 큰 변화를 위한 출발이었습니다. 선미가 알게 된 것들은 단순히 지식적인 앎이 아니라 예수님과의 인격적인 만남을 통한 생생한 경험이었습니다. 선미에게 일어난 이 엄청난 사건은 자신이 미처 깨닫지 못했지만 성령께서 그 모든 과정에 함께 하셨다는 것을 성경을 공부하면서 조금씩 구체적으로 알게 되었습니다.

선미는 이 과정을 이제 자신의 말로 설명할 수 있게 되었습니다. 그 과정은 이렇습니다.

"저는 사실 제가 죄인이라는 것을 몰랐습니다. 그런데 제가 죄인이라는 것을 깨닫고 죄로부터 벗어나야겠다는 생각을 했습니다. 물론 제 힘으로는 죄로부터 벗어날 수 없다는 것을 알았습니다. 그래서 저는 예수님께로 향하기로 했습니다. 이렇게 죄인임을 알고 죄로부터 돌아서서 예수님께로 향하는 것을 회개라고 합니다. 이 과정에 말씀을 통해서 성령께서 저와 함께 하셨다는 것을 한참 후에 알게 되었습니다. 저는 회개하고 예수님을 영접했습니다. 제가 예수님을 저의 마음의 중심에 초청했을 때 예수님께서 제 안에 들어오셨습니다. 저는 이 사실도 말씀을 통해서 확인할 수 있었습니다.(계 3:20) 제가 예수님을 저의 삶의 중심으로 영접했을 때 예수님의 영인 성령께서 저의 마음에 들어오셨습니다. 제가 예수님을 영접한 그 순간 저는 거듭났습니다. (딛3:5) 이 거듭남은 하나님의 사랑과 예수님의 은혜로 주어진 선물이었습니다. 저는 제가 거듭나게 된 것을 입으로 시인하고 고백하게 되었습니다. 이것도 성령님의 도우심이었습니다. '그러므로 내가 너희에게 알리노니 하나님의 영으로 말하는 자는 누구든지 예수를 저주할 자라 하지 아니하고 또 성령으로 아니하고는 누구든지 예수를 주시라 할 수 없느니라.' (고전 12:3) 제가 예수님을 저의 마음속에 영접했을 때 죄로부터 구원받았습니다. 저의 죄에 대해서 하나님께서는 예수님께 죄의 모든 책임을 물으셨습니다. 예수님께서 십자가에서 죽으심은 바로 저의 죄 때문이었습니다. 예수님은 바로 저 뿐만 아니라 모든 인류의 죄를 다 짊어지시고 죽으셨습니다. 그것이 어떻게 가능한가하는 것은 사도바울이 잘 말해주고 있습니다. '그러므로 한 사람으로 말미암아 죄가 세상에 들어오고 죄로 말미암아 사망이 들어왔나니 이와 같이 모든 사람이 죄를 지었으므로 사망이 모든 사람에게 이르렀느니라.' (롬 5:12) '그런즉 한 범죄로 많은 사람이 정죄에 이른 것 같이 한 의로운 행위로 말미암아 많은 사람이 의롭다 하심을 받아 생명에 이르렀느니라.' (롬 5:18) 그리고 제가 죄로부터 돌아서서 예수님을 영접하여 거듭나고, 구원받았을 때 저는 영생을 선물로 받았습니다. '너희는 그 은혜에 의하여 믿음으로 말미암아 구원을 받았으니 이것은 너희에게서 난 것이 아니요 하나님의 선물이라 행위에서 난 것이 아니니 이는 누구든지 자랑하지 못하게 함이라.' (엡 2:8-9)"

이 과정에서 실제로 선미가 경험한 것들을 정리해 보면 선미에게 엄청난 선물과 변화가 일어났습니다. 선미는 거듭났고, 죄 용서를 받고, 구원을 얻었으며, 영생을 선물로 받았습니다. 선미가 받은 영생은 선미가 노력한 결과가 아니라 단순히 예수님을 믿음으로, 죄로부터의 용서와 심판으로부터의 구원과 하나님과 원수 되었던 관계에서 화해의 관계가 되었으며, 사망으로부터 구원을 받아 생명으로 옮겨진 것입니다.(요 5:24) 영생은 영원이 사는 것, 즉 존재의 지속이 아닙니다. 영생은 하나님을 알고(요 17:3), 하나님을 아버지라고 부르며, 예수 그리스도의 몸인 교회의 일원이 되어 하나님 나라의 백성으로 살아가는 삶을 말합니다. 즉 죄사함을 받고, 하나님의 자녀로, 하나님 나라의 백성으로 하나님과 교제를 누리는 삶입니다. 영생을 얻은 사람은 예수님으로 말미암아 풍성한 삶을 살게 됩니다.(요 10:10)

♣ 이해를 돕는 질문

1. 선미는 어떻게 하나님의 자녀가 되었습니까?

2. 선미가 예수님을 영접했을 때 선미에게는 어떤 일이 일어났습니까?

3. 선미가 받은 영생이란 무엇입니까?

♣ 기도

주님,

제가 회개의 의미를 잘 깨닫게 하시며, 제가 죄인이라는 것이 느껴지게 하시고, 저에게 그 죄로부터 돌아설 수 있는 믿음을 주옵소서. 이제 죄인의 길을 버리고 예수님의 십자가의 능력으로 거듭남을 주옵소서. 거듭난 그리스도인이 되어 구원의 기쁨을 누리게 하시며, 영생의 의미가 생생하게 느껴져서 가슴 벅차게 하시며, 이 기쁨이 얼마나 큰지 깨닫게 하시어서, 날마다 감사하게 하옵소서. 죄로부터 자유를 주시며, 과거로부터 자유를 주시고, 이 놀라운 경험을 만나는 사람들마다 나누게 하옵소서.

예수님의 이름으로 기도합니다. 아멘

♣ 지난주 '스스로 해보기' 잘하셨나요?

1. 제8과 다시읽기 (   ) 대박이다! ^_^

(   ) 헐~! >_<

(   ) 뭥미! ㅠㅠ

2. 성경읽기 (   ) 대박이다! ^_^

(   ) 헐~! >_<

(   ) 뭥미! ㅠㅠ

♣ '스스로 해보기' 입니다.

1. 오늘 공부한 제9과를 다시 한 번 꼼꼼히 읽어보세요.

2. 요한복음 21장을 읽고 중요한 곳에 밑줄을 긋고, 질문이 있으면 메모해 오세요.

아버지시여, 나의 아버지시여

"내 것은 다 아버지의 것이요 아버지의 것은 내 것이온데 내가 그들로 말미암아 영광을 받았나이다.(요 17:10)

오늘 아침 새벽기도를 끝나고 집으로 오는 길에 극동방송에서 '나무엔'이라는 찬양가수가 부르는 '인애하신 구세주여'라는 찬양이 나왔다. 찬양도 은혜로웠지만 '나무엔'이라는 가수와 방송진행자의 인터뷰를 듣다가 그만 나는 울컥 했다.

그는 이렇게 말했다.

"나는 소위 세상 가수로는 별로 이름이 없는 사람이었습니다. 그런데 친구가 너의 음악적 재능으로 찬양을 하면 좋겠다는 말을 해서 본격적으로 찬양을 시작했습니다. 그런데 저는 찬양가수에 대해서 별로 좋게 생각하지 않았습니다. 찬양은 실패한 가수들이 하는 것이라고 생각했습니다. 그런데 아버지께서........."

그의 말 중에 "아버지께서"라는 말이 나의 마음에 강하게 와 닿았다. 그래 아버지야, 아버지 맞아! 손을 내밀면 잡아주시고, 부르면 대답하시고, 외로울 땐 함께해주시고, 홀로 걸을 땐 동행해주시고, 마음이 슬플 땐 위로해 주시는 친절하고, 다정다감한 아버지, 바로 그 아버지야. 내가 나의 딸에게 갖는 그 마음과 같은 마음을 가지고 계신 그 아버지! 아빠의 마음을 몰라줄 땐 속상하지만, 보복하고 싶지도, 억지로나 힘으로 알려주고 싶은 마음도 품지 않으시고, 깨날을 때까지 기다릴 수 있는 마음을 가진 아버지! 아니, 그보다 상상도 할 수 없을 만큼 크신 사랑과 선하심과 의로우심으로 이끌어주시는 아버지!

제10과 예수님을 믿는 신자들이 부르는 노래들

1. 교회에서 신자들이 부르는 노래를 찬송이라고 합니다.

찬송은 한마디로 하나님을 찬양하는 노래입니다. 찬송은 하나님을 기쁘시게 하고, 하나님께 영광을 돌리는 입술의 예배입니다. 구약 시대의 교회는 시편을 그대로 곡조에 맞추어 불렀으며, 그 외에도 하나님의 백성들이 부른 찬송이 성경 여러 군데 실려 있습니다. 구약의 전통은 초대교회까지 이어져 온 것으로 보입니다. 점차 교회가 성장하고 교회가 발전하면서 예배와 그리스도인의 모임에서 곡조가 있는 노래로써 하나님을 찬송하고, 하나님에 대한 기도와 소망을 노래로 표현하게 되었습니다. 찬송은 성경과 밀접한 관계가 있을 뿐만 아니라 하나님과의 교제, 그리스도인간의 교제에서 중요한 위치를 차지하고 있습니다. 예수께서도 주의만찬(성찬예식) 후 찬송을 부르셨습니다.(마 26:30, 막 14:26) 성경은 하나님을 찬송할 것을 명령하고 있으며, 찬송은 그리스도인들이 마땅히 해야 할 가장 중요한 일 중의 하나입니다.

2. 찬송은 그리스도인의 삶에 힘이 됩니다.

찬송은 경건한 마음으로 불러야 하며, 찬송은 그리스도인들에게 많은 유익을 줍니다. 찬송을 부를 때 성령께서 찬송하는 사람과 교회에 역사 하십니다. 찬송이 능력입니다.

(1) 찬송은 감사와 기쁨이 충만하게 합니다.

(2) 찬송은 마음을 밝게 하고 뜨겁게 합니다.

(3) 찬송은 믿음을 고백하게 하고, 또 믿음을 성장하게 합니다.

(4) 찬송은 기도이며, 찬송 할 때 기도응답을 받기도 합니다.

(5) 찬송은 성도들의 교제에 생기를 더해줍니다.

(6) 찬송은 전염성이 있어서 찬송하면 또 다른 사람이 찬송하게 됩니다.

(7) 찬송할 때 하나님의 역사와 임재를 경험하게 됩니다.

3. 어떻게 찬송해야 하는가?

(1) 경건한 마음과 감사함으로 찬송해야 합니다.(시 108:1-3, 골 3:16)

(2) 소리 높여 찬송해야 합니다.(시 145:3)

(3) 모든 성도들이 함께 찬송해야 합니다.(대하 23:13, 시 150편)

(4) 때로는 손뼉을 치면서 찬송합니다.(시 47:1)

(5) 때로는 춤을 추면서 찬송합니다.(시 149:3, 시 150:4)

(6) 기쁠 때뿐만 아니라 슬플 때나 어려울 때도 찬송해야 합니다.

(7) 날마다 찬송해야 합니다.

(8) 찬송가나 CCM 등을 폭넓게 활용해도 좋습니다.

* CCM(contemporary christian music)이란 대중음악의 형식을 취하면서도 내용 면에서는 기독교 신앙이나 성경의 내용을 담아내는 모든 음악의 장르를 포괄하는 기독교 음악을 일컫는 말입니다. CCM은 한 동안 불려지다가 역사 속에서 사라지기도 하지만 어떤 곡은 오랜 역사를 두고 불려지고, 교회 찬송가에 수록되어 시대를 넘어 불려지기도 합니다.

"시와 찬송과 신령한 노래들로 서로 화답하며 너희의 마음으로 주께 노래하며 찬송하며 범사에 우리 주 예수 그리스도의 이름으로 항상 아버지 하나님께 감사하며" (엡 5:19-20)

♣ 이해를 돕는 질문

1. 교회에서 부르는 노래를 무엇이라고 할까요?

2. 찬송은 그리스도인의 삶에 어떤 도움을 줄까요?

3. 어떻게 찬송해야 할까요?

♣ 기도

주님,

저에게 하나님을 찬송하는 마음을 주옵소서. 예배 시간에 찬송 할 때나, 교인들과 함께 찬송할 때, 저 혼자 찬송할 때 저의 마음 깊은 곳으로부터 찬양의 마음을 주옵소서. 찬송할 때 찬송의 능력, 찬송 의 기쁨이 넘쳐나게 해주옵소서. 믿음의 사람들이 찬송할 때 저도 마음과 입을 열어 함께 찬송하게 하시며, 제가 찬송할 때 찬송이 전염되듯이 퍼져나가게 해주옵소서.

예수님의 이름으로 기도합니다. 아멘

♣ 지난주 '스스로 해보기' 잘하셨나요?

1. 제9과 다시읽기 (   ) 대박이다! ^_^

(   ) 헐~! >_<

(   ) 뭥미! ㅠㅠ

2. 성경읽기 (   ) 대박이다! ^_^

(   ) 헐~! >_<

(   ) 뭥미! ㅠㅠ

♣ '스스로 해보기' 입니다.

1. 오늘 공부한 제10과를 다시 한 번 꼼꼼히 읽어보세요.

2. 창세기1장을 읽고 중요한 곳에 밑줄을 긋고, 질문이 있으면 메모해오세요.

호흡이 있는 자는 누구나

"호흡이 있는 자마다 여호와를 찬양할지어다 할렐루야"(시 150:6)

심한 감기 몸살을 앓게 되면 느끼는 것이 있다. 감기는 아무것도 아닌 것 같지만 막상 감기에 걸리면 감기도 여간 고통스러운 것이 아니다. 목이 잠기고, 코가 막힌다. 기침을 할 때 마다 목이 아프고, 심한 경우엔 목과 코에서 피가 나기도 한다. 팔과 다리의 관절이 쑤시고, 주체할 수 없을 정도로 온 몸이 떨린다. 고통스럽지 않으려고 잠을 자려고 하지만 심한 경우는 수시로 잠에서 깨기도 한다. 감기에 걸리면 가장 고통스러운 것이 콧물이 나고 코가 막히는 것이다. 그 때 떠오르는 말씀이 바로 이 말씀이다. "호흡이 있는 자마다 여호와를 찬양할지어다!" 살아 숨 쉬는 동안, 그리고 살아서 숨 쉬는 모든 것들은 여호와를 찬양하라는 명령이다. 호흡기에 문제가 생기면 말씀을 보는 것, 기도, 찬양 등등 모든 믿음의 행위들이 쉽지 않다.

하나님은 우리가 찬양할 수 없는 그 때에도 찬양 받으시기에 합당하신 분이고, 우리는 당연히 여호와 하나님을 찬양해야 한다. 찬양은 하나님을 높이고, 하나님을 경외하고, 하나님을 사모하고, 하나님을 그리워하고, 하나님을 사랑하는 마음으로부터 나온다.

따라서 우리는 하나님을 찬양할 수 없을 때 하나님을 향하는 마음으로부터 찬양을 시작해야 한다. 하나님을 찬양함으로 더욱 더 찬양할 수 있다. 기도를 통해서 기도가 회복되듯이 찬양을 통해서 찬양을 회복하기도 한다. 그러므로 나의 입에서 찬양이 저절로 나올 때뿐만 아니라 찬양할 마음이 일어나지 않을 때조차도 하나님을 찬양하는 말과 찬양하는 노래를 통해 찬양을 회복할 수 있다. 내 호흡이 있는 한 나는 여호와를 찬양해야 한다. 내가 살아 숨 쉬는 동안, 내가 낼 수 있는 모든 소리와 언어로, 모든 몸짓과 표정으로 하나님을 찬양하고 싶다. 하나님을 찬양하는 것이 나의 삶의 이유이고, 목표가 되길 기도한다.

"주님, 주님을 찬양할 때 가장 행복하고, 평화롭게 해주십시오."

제11과 교회에는 이런 특별한 날들이 있습니다.

한 개인이나 가정에도 특별히 기념하는 날이 있습니다. 누구에게나 특별한 의미를 두는 날이 있는데, 생일날도 그런 날들 중의 한 날입니다. 그리고 자신의 생애에서 기념비적인 날을 정해서 기념하기도 합니다. 대부분의 모임이나 단체는 창립 일을 기념합니다.

개인이나 한 지역교회를 넘어 예수 그리스도를 머리로 한 몸을 이룬 모든 교회에서 기념하고 축제로 지내는 중요한 날들이 있습니다. 성경에는 기념적 의미와 하나님께서 주신 은혜와 주신 복에 감사해서 기억하고 기념하는 날들이 있습니다. 그런 날들 중에서 대표적인 날들은 부활절, 성탄절, 맥추감사절, 추수감사절 등을 들 수 있습니다. 이런 날들은 굉장히 깊은 의미를 담고 있습니다. 혹자는 그 깊은 의미를 깨닫지 못하고 의무나 책임을 지워주는 날로 여기거나 막연히 즐겁게 노는 날 정도로 생각하는 사람들도 가끔 있습니다. 그러나 이런 날들은 교회에서 아주 의미 있고, 복된 날입니다.

1. 부활절(마 28:1-10)

부활절은 기독교에서 가장 중요한 절기라고 할 수 있습니다. 기독교는 예수 그리스도의 부활의 기초위에 서 있기 때문입니다. 부활절은 그리스도의 부활하심을 기념하는 날입니다. 예수님의 죽음이 인간의 모든 죄값을 대신 지불하신 사건이라면, 부활은 구원의 완성을 보여주신 사건이며, 사망의 권세를 이기신 사건입니다. 부활은 예수님이 하나님이라는 것을 보여주신 사건입니다. 예수님이 부활하시고, 40일 후에 승천하신 후에 승천하셨습니다. 예수님이 승천하신 후에 예수님과 함께 동고동락하며 가르침을 받았던 그 제자들이 생존했던 시대부터 부활을 기념하여 왔습니다. 부활절은 매년 춘분 후 처음 맞는 만월 즉 음력 15일 다음에 오는 주일입니다. 교회는 주님의 부활을 기념하여 다채로운 행사를 하고, 지역교회들이 연합하여 그리스도의 부활을 축하하는 예배를 드리기도 합니다.

2. 성탄절(눅 2:8-20)

성탄절은 예수님이 죄인인 인간을 구원하시기 위해 인간의 몸을 입으시고 인간의 모습으로 이 땅에 오신 날을 기념하는 날입니다. 예수님의 탄생을 기념하며 축하하는 날로 이 날을 크리스마스 혹은 성탄일이라고 합니다. 크리스마스는 '예수님이 이 땅에 오심'에 그 초점이 있습니다. 현재 세계적으로 사용하는 연대 앞에 붙는 서기 혹은 AD(Anno Domini : "In the year of (Our) Lord")는 예수님의 탄생을 기준으로 한 것입니다. 이 절기에 교회는 이웃과 함께 주님의 오심을 축하합니다.

3. 맥추감사절(출 23:16)

맥추감사절은 교회에 다니지 않는 사람들에게는 잘 알려지지 않은 날이지만 추수감사절과 같은 의미가 있는 날입니다. 맥추감사절은 구약시대부터 내려오는 절기로 추수감사절과 비교할 수 없는 오랜전통을 가진 날입니다. 이스라엘 백성들의 추수기에 해당되는 절기입니다. 파종기에 내리는 이른 비와 결실기에 내리는 늦은 비를 내려주시는 하나님께 감사하는 절기입니다. 성경 속의 사람들은 봄에 풍성한 추수를 하여, 하나님께 감사하는 마음으로 추수한 곡식을 드렸습니다. 성경에는 이 전통이 계속되어 왔음을 보여주고 있으며, 오늘날까지 교회는 하나님께서 주신 은혜에 감사하는 절기로, 6월말에서 7월 중순 사이에 맥추감사절을 지킵니다.

4. 추수감사절(출 23:16)

추수감사절은 구약성경의 수장절(초막절)과 비슷한 시기에 지키는 절기입니다. 이스라엘 백성들이 애굽으로부터 나와 광야생활을 기념하는 의미를 가지고 있습니다. 추수감사절이라는 이름이 붙여진 것은 이 날의 직접적인 유래는 영국에서 신앙의 자유를 찾아 아메리카 대륙으로 떠났던 그리스도인들이 모든 어려움을 딛고 농사를 지어 추수를 하여 하나님께 첫 수확의 기쁨과 함께 감사의 예물을 드린 데서 시작한 절기입니다. 일 년 동안 농사와 사업과

가정에 내려 주신 은혜에 감사하는 절기입니다. 날짜는 다소간 차이가 있으나 매년 11월 셋째 주일에 감사 예배로 지킵니다. 음식을 만들어 성도들과 지역사회 주민들과도 함께 나누어 먹으며 감사와 기쁨의 잔치를 열기도 합니다.

♣ 이해를 돕는 질문

1. 교회에서 축제처럼 지키는 주요절기는 어떤 것들이 있습니까?

2. 성탄절은 무엇을 기념하는 날입니까?

3. 부활절은 무엇을 기념하는 날입니까?

♣ 기도

주님,

예수님께서 이 땅에 인간의 몸으로 오셔서 우리의 아픔, 고통, 외로움, 슬픔을 친히 당하시고, 우리의 죄를 대신 짊어지고 십자가에서 죽으시고, 성경대로 3일 만에 부활하셔서 우리의 구주되심을 나타내 주셔서 감사합니다. 예수님의 부활을 믿게 해주시고, 부활의 능력과 영광 속에서 살게 해주옵소서. 주님이 주신 가정과 학교(직장)에서 항상 감사의 마음을 갖게 하시고, 기쁜 마음으로 살게 해주옵소서.
예수님의 이름으로 기도합니다. 아멘

♣ 지난주 '스스로 해보기' 잘하셨나요?

　1. 제10과 다시읽기 (　　) 대박이다! ^_^

　　　　　　　　　　 (　　) 헐~!)_〈

　　　　　　　　　　 (　　) 뭥미! ㅠㅠ

　2. 성경읽기 (　　) 대박이다! ^_^

　　　　　　　 (　　) 헐~!)_〈

　　　　　　　 (　　) 뭥미! ㅠㅠ

♣ '스스로 해보기' 입니다.

　1. 오늘 공부한 제11과를 다시 한 번 꼼꼼히 읽어보세요.

　2. 창세기2장을 읽고 중요한 곳에 밑줄을 긋고, 질문이 있으면 메모해오세요.

이날을 기념하라.

"너희는 이 날을 기념하여 여호와의 절기를 삼아 영원한 규례로 대대로 지킬지니라." (출 12:14)

성경에 "기념"이라는 단어가 42번이나 나온다. 성경에는 이스라엘 백성에게 중요한 사건을 중심으로 기념이라는 단어를 사용했고, 예수님은 "나를 기념하라"라는 말씀을 하셨다. 기념이라는 말은 기억과 관련이 있다. 잊지 말고 기억하고, 단순한 기억을 넘어 그날을 축제일로 삼거나 기념일로 삼아서 공동체의 모두의 가슴에서 사라지거나 잊혀 지지 않도록 생생하게 보존하고, 유지해 나가는데 그 목적이 있다고 본다. 우리는 얼마나 잘 망각하고 있는가? 처음의 느낌을, 처음의 각오를, 처음의 계획을 너무도 쉽게 잊거나, 무덤덤해진다. 이스라엘 백성들에게 출애굽은 수천 년이 지난 지금도 그들에게는 감격의 날이며, 최대의 축제일로 그들의 가슴에 생생하게 남아 있음을 성경을 통해서 느끼게 된다. 나는 내가 주님을 만난 날의 감격을 무덤덤하게 지나칠 때도 많지만 나의 삶속에서는 항상 감사하는 날이다. 그와 못지않게 의미 있는 날이 큰사랑교회 창립일이다. 주님 안에서 나의 기도, 나의 사랑, 나의 꿈인 큰사랑교회가 탄생한 것이 얼마나 감격스러운가? 기적이고, 눈물이고, 나의 가슴속에 잉태했던 꿈의 탄생이다. 그리스도의 몸인 교회를 세우심의 감격은 흥분 그 자체이다. 절대로 수만 개의 교회중의 한 교회일 수 없다. "수 만개의 교회 중의 한 교회!"라는 말을 들을 때가 가장 슬프다. 그렇시만 그말을 들을 때 나는 가장 진지한 마음으로 주님 앞에 선다. "주님, 큰사랑교회는 주님의 교회가 되게 해주세요. 주님을 높이고, 주님의 영광만을 나타내는 교회가 되게 해주세요."

제12과 이런 성경구절을 기억해두세요.

잠시 당신이 어느 낯선 거대 도시를 처음 방문하게 되었다고 상상해보세요. 당신이 그 도시를 방문하자마자 한 번에 그 도시 전체를 이해한다는 것은 쉽지 않을 것입니다. 먼저 기차(혹은 지하철)역이나 대형빌딩, 관공서, 공원 등 쉽게 눈에 띄면서도 특징이 있는 중요한 건물에 먼저 시선이 갈 것입니다. 그런 중요 지점을 알아두면 점차로 도시전체를 이해하는데 많은 도움이 될 것입니다.

예수님을 믿고 하나님의 자녀가 되어 그리스도인으로 살아가는 이 여정에도 비슷한 원리를 적용할 수 있습니다. 성경의 모든 말씀은 한 구절 한 구절이 다 소중한 하나님의 말씀입니다. 그러나 아래의 말씀들은 하나님의 사랑과 계획 그리고 인간은 모두 죄인이며, 죄인 된 인간이 어떻게 죄 용서를 받고 하나님의 자녀가 될 수 있는지를 잘 가르쳐주는 말씀입니다. 이 성경구절들은 당신이 그리스도와 함께 새로운 삶을 출발하도록 안내해 주실 것입니다. 아래의 성경구절들을 반복해서 읽어보시고, 이 성경구절들에 동의하신다면 당신의 삶에 예수님을 받아들이십시오. 그리고 외워두시면 아주 좋습니다.

1. 창세기 1장1절(창 1:1)

"태초에 하나님이 천지를 창조하시니라."

2. 요한복음 3장16절(요 3:16)

"하나님이 세상을 이처럼 사랑하사 독생자를 주셨으니 이는 저를 믿는 자마다 멸망치 않고 영생을 얻게 하려 하심이니라."

3. 로마서 3장23절(롬 3:23)

"모든 사람이 죄를 범하였으매 하나님의 영광에 이르지 못하더니"

4. 로마서 5장8절(롬 5:8)

"우리가 아직 죄인 되었을 때에 그리스도께서 우리를 위하여 죽으심으로 하나님께서 우리에 대한 자기의 사랑을 확증하셨느니라."

5. 요한복음 14장6절(요 14:6)

"예수께서 이르시되 내가 곧 길이요 진리요 생명이니 나로 말미암지 않고는 아버지께로 올 자가 없느니라."

6. 마태복음 11장28절(마 11:28)

"수고하고 무거운 짐 진 자들아 다 내게로 오라 내가 너희를 쉬게 하리라."

7. 히브리서 11장1절(히 11:1)

"믿음은 바라는 것들의 실상이요 보지 못하는 것들의 증거니 선진들이 이로써 증거를 얻었느니라."

8 마태복음 6장33절(마 6:33)

"그런즉 너희는 먼저 그의 나라와 그의 의를 구하라 그리하면 이 모든 것을 너희에게 더하시리라."

9. 로마서 8장28절(롬 8:28)

"우리가 알거니와 하나님을 사랑하는 자 곧 그의 뜻대로 부르심을 입은 자들에게는 모든 것이 합력하여 선을 이루느니라."

10. 요한복음 5장24절(요 5:24)

"내가 진실로 진실로 너희에게 이르노니 내 말을 듣고 또 나 보내신 이를 믿는 자는 영생을 얻었고 심판에 이르지 아니하나니 사망에서 생명으로 옮겼느니라."

1. 당신이 기억(암송)하고 있는 성경구절이 있습니까?

2. 위에 제시되어 있는 10개의 성경구절을 꾸준히 암송해보세요. 암송한 후에는 계속해서 생활하면서 이 성경구절들을 상기해보십시오.

♣ 기도

　　주님,

　　제가 성경 말씀을 잘 암송하여 저의 마음에 새기게 하여주옵소서. 이 말씀들이 항상 기억나게 하시고, 이 말씀들이 저의 삶을 지배하게 하시며, 이 말씀들을 통해서 다른 사람들에게도 하나님의 말씀을 알릴 수 있도록 도와주옵소서. 하나님의 말씀을 읽을 때마다 읽는 말씀들이 저의 마음에 글씨처럼 새겨져서 그 말씀을 따라 살게 해주옵소서. 하나님의 말씀들을 믿고 의지할 때 구원받은 은혜가 더 선명하고 뚜렷하게 하시며, 말씀들을 통해서 제가 받은 은혜를 증거하게 하옵소서.

　　예수님의 이름으로 기도합니다. 아멘

♣ 지난주 '스스로 해보기' 잘하셨나요?

　1. 제11과 다시읽기 (　　　) 대박이다! ^_^

(   ) 헐~! >_<

(   ) 뭥미! ㅠㅠ

2. 성경읽기 (   ) 대박이다! ^_^

         (   ) 헐~! >_<

         (   ) 뭥미! ㅠㅠ

♣ '스스로 해보기' 입니다.

1. 오늘 공부한 제12과를 다시 한 번 꼼꼼히 읽어보세요.

2. 창세기3장을 읽고 중요한 곳에 밑줄을 긋고, 질문이 있으면 메모해오세요.

쉼

"수고하고 무거운 짐 진 자들아 다 내게로 오라 내가 너희를 쉬게 하리라."(마 11:28)

휴가는 누구에게나 신나는 일이다. 빡빡한 일정에 힘겹게 일하면서 사는 사람에게 휴가는 정말, 갈증 날 때 생수 같은 시원함을 준다. 심지어 마땅히 할일이 없는 사람에게 조차도 휴가라는 이름으로 주어지는 시간은 신나는 시간이 아닐 수 없을 것이다. "쉬고 싶다" 는 마음은 현대인에게는 아주 절실한 욕구이다. 특히 모든 것을 가지고도 허전하고, 배부르게 먹고도 허기지고, 어떤 음료로도 채울 수 없는 갈증을 느끼는 현대인들에게는 더욱 그렇다. 어쩌면 현대인들은 누구나 진정함 "쉼"에 대한 욕구를 가지고 있는지도 모른다. 스스로 인정하든 안하든 현대인은 모두 다 수고하고 무거운 짐을 진 사람들이기 때문이다. 벗고 싶고, 벗어나고 싶고, 내려놓고 싶은 짐을 가지고 사는 사람들이다. 벗을 수도 없는 짐을 등에 짊어지고 끙끙거리며 살고 있다. 그 짐은 도저히 벗어나기 힘든 올가미처럼 칭칭 동여매는 짐이다. 발버둥을 치면 칠수록 더 강하게 옥죄는 짐이다. 내려놓을 수도 없고, 그렇다고 영원히 지고 갈 수도 없는 짐이다. 어쩌면 현대인들은 자신이 지고 있는 이 짐을 내려놓을 의지마저 상실하게 하는 짐속에 갇혀 있는지를 모른다. 이 엄청나게 무거운 짐을 지고 헐떡이고 있다. 그들에게 누군가, "무겁냐?"고 물으면, 태연하게 "뭐가 무겁냐?"고 반문을 한다. "짐이 무겁지 않느냐?"고 물으면 "내가 무슨 짐을 지었느냐?"고 다시 묻는다. 그들은 자신이 지고 있는 짐을 짐이라고 부르지 않는다. 누구나 지고 있는 짐들 즉 죽음의 짐, 죄의 짐, 욕심의 짐, 미움의 짐, 답답함의 짐, 상한 건강의 짐 등등 온갖 짐을 지고도 그들은 짐이라 생각하지 않는다. "인생이 다 그런거지 뭐!" 라고 말한다.

그들은 짐을 지고 무거워하면서도 여전히 짐인 줄도 모르고, 쉼을 얻기를 원하면서도 어떻게 쉬는지를 묻지 않는다. 짐이라 여기지도 않고, 짐을 지고 있다는 것을 인정하기 싫어하기 때문이다. 지금이라도 그냥 짐을 지어주실 그리스도께로 돌아오면 되는데......

스스로 Check 표

구분	진도	Check	복습	Check	성경읽기	Check
1부	제1과		제1과		요1장	
	제2과		제2과		요2장	
	제3과		제3과		요3장	
	제4과		제4과		요4장	
	제5과		제5과		요5장	
	제6과		제6과		요6장	
	제7과		제7과		요7장	
	제8과		제8과		요8장	
	제9과		제9과		요9장	
	제10과		제10과		요10장	
	제11과		제11과		요11장	
	제12과		제12과		요12장	
2부	제1과		제1과		요13장	
	제2과		제2과		요14장	
	제3과		제3과		요15장	
	제4과		제4과		요16장	
	제5과		제5과		요17장	
	제6과		제6과		요18장	
	제7과		제7과		요19장	
	제8과		제8과		요20장	
	제9과		제9과		요21장	
	제10과		제10과		창1장	
	제11과		제11과		창2장	
	제12과		제12과		창3장